G

LE

CARNAVAL

Histoire

DES BALS DE L'OPÉRA,

TABLEAU

FÊTES, TRAVESTISSEMENS, MASCARADES

ET CARROUSELS

QUI ONT EU LIEU CHEZ TOUTES LES NATIONS

DEPUIS LEUR ORIGINE JUSQU'A NOS JOURS.

1re Livraison.

PARIS

Imprimerie de Ducessois,

55, Quai des Augustins.

1835

LE

CARNAVAL

Histoire

DES BALS DE L'OPÉRA,

TABLEAU

DES FÊTES, TRAVESTISSEMENS, MASCARADES

ET CARROUSELS

QUI ONT EU LIEU CHEZ TOUTES LES NATIONS

DEPUIS LEUR ORIGINE JUSQU'A NOS JOURS.

1re Livraison.

PARIS

Imprimerie de Ducessois,

55, Quai des Augustins.

1835

LE CARNAVAL

Histoire

DES BALS DE L'OPÉRA,

TABLEAU

DES FÊTES, TRAVESTISSEMENS, MASCARADES

ET CARROUSELS

QUI ONT EU LIEU CHEZ TOUTES LES NATIONS

DEPUIS LEUR ORIGINE JUSQU'A NOS JOURS.

Le carnaval sera bientôt la grande affaire, la grande dissipation, la grande folie de la France. La politique nous tue, que la politique se taise pendant un mois ou deux! la littérature nous fatigue, que la littérature fasse silence! Quelque chose va venir bientôt qui remplacera la politique et la littérature, qui remplacera toutes nos petites occupations de chaque jour. Ce nouveau venu, cette passion nouvelle, c'est le carnaval. L'entendez-vous de loin qui accourt au joyeux son des grelots, leste, pimpant, le visage à demi caché par le masque, qui ne cache ni le regard ni le sourire! L'entendez-vous venir l'enfant qui jette ses roses sur les glaces de l'hiver, qui ranime de son souffle la flamme des bougies, qui fait étinceler à la fois l'esprit, l'amour, la malice et le rire français? L'entendez-vous? C'est lui, c'est lui-même! Il porte tous les costumes, il parle tous les langages, il se livre à toutes les folies, il écoute, il crie, il bondit, il se livre à toute sa bonne ivresse de la nuit; faites place, messeigneurs les artistes et les grands du monde, faites place à notre maître à tous, à notre roi absolu, le bon, le grand, le magnanime, le tout-puissant, le bien-aimé, le désiré carnaval!

Vous autres jeunes gens, que fatiguent les choses sévères, vous autres les oisifs du feuilleton et de l'atelier, vous les voyageurs aux pays italiens, revenus récemment de Naples, de Florence, de Venise surtout, la ville masquée, vous l'avez entendu venir le carnaval; vous avez applaudi des premiers à sa bienvenue; nous l'avons appelé, et il est venu; à présent il s'agit de le fêter dignement; il s'agit de l'entourer de sollicitude et d'amour, et de préparer ses mille toilettes, et d'assister à ses plus bizarres parures, et d'obéir à tous ses caprices, en un mot nous voulons être les esclaves, ou, si vous aimez mieux, les historiens du carnaval.

Oui ses historiens. Et pourquoi ne la ferait-on

pas cette histoire toute sémillante! N'a-t-on pas assez épuisé les histoires de sang et de meurtre? Cette histoire du canaval offre tant d'aspects poétiques, elle se passe si bien dans le velours, dans la soie, dans les dentelles, dans les parfums, dans les festins, dans les boudoirs, dans la chaude et puissante vapeur du bal; c'est une histoire si fort mêlée de chants et de danses, et de peintures, et de rendez-vous d'amour et d'aimables intrigues, que nous nous étonnons bien fort qu'on ne l'ait pas encore entreprise. *Histoire du Carnaval*; beau titre! Et, je vous prie, quelle époque des annales du monde offrit plus de masques et plus de déguisemens?

Ainsi, sous le rapport de la forme et de la couleur, comme étude capricieuse des frivolités d'un peuple voué au plaisir; comme art, comme élégance et comme coquetterie, ce sujet-là nous paraît le plus beau sujet qu'on ait pu proposer à la plume sémillante de jeunes écrivains, à la verve folle des jeunes artistes.

Cette histoire, en effet, ne peut être écrite dignement qu'avec le pinceau et avec la plume, c'est à la fois une affaire de description et de dessin. Nous avons donc réuni les artistes et les poètes de notre temps, les plus jeunes, les plus vifs, les plus alertes à la joie, et dans le costume que chacun s'est choisi, nous nous sommes élancés au-devant du nouveau venu! le Carnaval.

Ne craignez rien, cependant, écrivains ou peintres, nous ferons l'histoire du carnaval sans trop de peine et surtout sans efforts. Nous serons les biographes insoucians de tant de grandes et folles renommées dont on ne sait guère l'histoire, Polichinelle, Paillasse, Pierrot, madame Angot, Colombine, et tant d'autres êtres fantastiques qu'on voit traverser la foule comme l'éclair; être charmans que chacun salue par leur nom avec des cris de joie et des battemens de main; nous vous dirons toutes ces origines bizarres, et nous vous décrirons toutes ces familles grotesques, et nous vous ferons remonter toutes ces burlesques généalogies, race bohême qui vit chez nous par le droit de franc rire, du sarcasme et de la bonne humeur, étrange famille de pantins animés que nous avons vus au jour du mardi gras renverser en se jouant l'archevêché, et presque démolir Saint-Germain-l'Auxerrois. Chose étrange!

Paillasse devenu un homme politique, Pierrot devenu meneur d'émeute, madame Angot chassant l'archevêque de son palais!

Voilà pour le carnaval de la rue, pour la folie du peuple, pour les joyeux masques tout crottés qui jettent à pleine bouche le cynisme et l'esprit; mais en même temps nous ferons l'histoire de la joie élégante, la joie de là-haut dans les riches hôtels : voyez dans ces salons somptueux reparaître les siècles passés à la clarté des bougies; le moyen-âge tout bardé de fer et revêtu de belles écharpes, le François 1er tout brodé, le Louis XIII en velours et en plumes blanches, le Louis XIV, simple, noble et riche; le dix-huitième siècle poudré, l'empire poudreux, tous les temps, tous les âges, tous les grands noms, tous les grands siècles; tous les charmans visages des Gabrielle, des La Fayette, des Montespan, des Pompadour, des Beauharnais. Ils revivent tous à la voix du carnaval; comme aussi les costumes reparaissent dans toute leur splendeur, comme aussi les meubles rajeunis brillent d'un éclat tout nouveau. La belle fête pour l'artiste et pour l'antiquaire! Nous irons donc à toutes ces fêtes élégantes, nous en dirons les moindres détails, et ainsi nous imprimerons un mouvement tout nouveau à cette belle passion pour les âges passés, à laquelle nous devons la conservation de tant de chefs-d'œuvre et la réhabilitation de tant de belles époques que nous ne connaissions que par ouï-dire, et que nous touchons à présent de nos mains.

En même temps, partout dans Paris, vont s'ouvrir aux sons d'orchestres choisis, tant de lieux consacrés à la danse. Élysées de tout genre, jardins à tous étages. Colysées, Tivoli, et des bals à tous les théâtres! Adieu les crimes de l'Ambigu, adieu les assassinats de la Gaîté, adieu le poison des Borgia à la porte Saint-Martin; crimes, prison, fureurs, incendies, tout le drame moderne se remplace par une autre passion, le bal. Pierrot et Colombine foulent d'un pied léger tous les crimes amoncelés par le génie réuni de Victor Hugo et d'Alexandre Dumas; chaque théâtre obéit à ce besoin du jour et se dévoue au carnaval. Les chevaux de Franconi eux-mêmes cèdent la place au galop des danseurs, l'Opéra-Comique renonce à ses bosquets et à ses guirlandes pour le bal, partout c'est un enivrement, une rage de plaisir et du même plaisir. Eh bien! nous serons partout, observant, étudiant, recueillant, décrivant, dessinant toutes les joies, toutes les fêtes, tous les déguisemens, toutes les ivresses; le cabaret et le salon, l'antichambre et le palais, la mansarde et le Colysée, le fort de la halle et la duchesse, tout ce qui danse, tout ce qui s'amuse, tout ce qui se dévoue au carnaval, voilà notre monde, voilà notre domaine, voilà le sujet de notre histoire. Donc plus on dansera, plus nous serons variés, intéressans et sans doute amusans. Surtout il est un bel endroit de bals masqués et de fêtes joyeuses que nous ne perdrons pas de vue un seul instant, cette belle fête perpétuelle, c'est l'Opéra; toujours chant ou danse, luxe ou fête, voilà l'Opéra, il est à la tête des vices innocens de la nation.

L'Opéra est le centre de tout plaisir humain. Il a donné lui aussi le signal des fêtes, et le carnaval lui est venu en aide, comme il est venu en aide au carnaval. L'Opéra est l'orgueil de la révolution de juillet, qui se croyait capable de tout, de bouleverser l'Europe et non pas d'avoir un Opéra. Là viennent se réunir chaque soir toutes les célébrités parisiennes; célébrités de tout genre, esprit, valeur, pouvoir, beauté, ridicules même, quel admirable pêle-mêle! quelles bonnes passions rivales! quel bonheur pour nous de pénétrer ce ravissant chaos de toutes choses, d'expliquer ces intrigues qui se croisent, de deviner ces visages qui se cachent! C'est bien le cas, ou jamais, de se permettre une bonne petite médisance, la médisance, cette chose qui ne fait de mal à personne, et qui amuse tant d'honnêtes gens quand elle est faite avec esprit. Nous pouvons dire que le bal masqué de l'Opéra sera le centre de nos observations; c'est là, en effet, que s'écrira la plus grande partie de notre histoire, c'est de là que nous partirons chaque soir pour étudier toute la fête parisienne; le bal masqué de l'Opéra n'est-il pas, je vous prie, la plus ancienne et la plus brillante demeure du carnaval?

Le carnaval parisien, voilà notre plan, notre histoire; ce qui ne nous empêchera pas de faire aussi l'histoire des masques de tous les pays, surtout des masques vénitiens; Venise, la ville par excellence, et encore Rome la sainte, dont le mardi gras est aussi admirable que la descente de la Cour-

tille chez nous. La Courtille, voilà un nom que nous allions oublier dans ce prospectus, mais que nous n'aurions pas oublié à coup sûr dans notre histoire du carnaval.

Que dire de plus? ceci est une histoire aux mille faces, aux mille dessins variés et charmans; tous les noms jeunes de notre époque nous ont promis de venir s'inscrire sur nos pages de folie et de plaisir; mais comme les bonnes folies sont les plus courtes, et comme les meilleurs histoires sont justement les histoires qui finissent, comme d'ailleurs nous savons que la vie n'est pas toujours une fête et un bal, vous êtes prévenus que nous ne vous demandons qu'un jour par semaine, et dans ce jour une heure, et quatre mois d'existence, c'est-à-dire vingt-quatre heures de votre temps, pour lire tous nos articles et pour admirer tous nos dessins.

Au bout de ce temps, notre tâche sera finie, le joyeux carnaval de 1835 ira retrouver ses aînés, la ville rentrera dans les affaires et dans le bruit de chaque jour; nous éteindrons les bougies du bal, et nous renverrons chez eux les musiciens de la fête; nous reprendrons nos habits noirs et empesés; toute chanson cessera, chanson bachique ou chanson d'amour, et le front contrit et humilié, nous répèterons, s'il le faut, la triste parole du sévère Mercredi : *Homme, souviens-toi que tu n'es que cendre et poussière.*

Nous ne croyons pas nécessaire de nommer dans notre Prospectus les écrivains et les artistes dont la collaboration nous est assurée; chacun d'eux signera son œuvre quand son jour sera venu. Qu'il nous suffise de répéter que toutes les célébrités de l'époque nous aideront de leur concours.

Le Carnaval sera publié par livraisons d'une feuille, une feuille et demie, contenant deux lithographies exécutées par nos meilleurs artistes, et paraissant une fois la semaine, à partir du 25 décembre 1834 jusqu'au 25 avril 1835.

L'ouvrage entier, composé de 16 livraisons, formera un beau volume in-4º, orné de 52 planches.

*****

Le Carnaval.

TRAITÉ

HISTORIQUE, CRITIQUE ET SYMBOLIQUE.

Première partie.

Dans son invocation pleine d'enthousiasme à un des personnages les plus célèbres du carnaval, l'auteur du *Roi de Bohême et de ses sept châteaux* est bien forcé de l'avouer; on n'a rien inventé depuis que ce type merveilleux a été découvert; c'est l'origine éternelle du vrai, la morale infaillible et pratique qui s'est personnifiée; et toutefois le spirituel écrivain se contente d'admirer la philosophie riante de cette précieuse individualité, et de nous la donner pour modèle; lui qui connaît si bien les origines, il s'en tient là, il n'a garde de s'avancer plus loin; il trace la poétique du genre, mais il s'arrête à l'histoire. Il faut en convenir, c'est une rude tâche qu'il nous a laissée. Qui dans ce siècle, en effet, serait assez hardi pour se croire quelque autorité en matière de carnaval? qui pourrait ignorer qu'il en est de cette grave histoire, comme de celle de toutes les autres branches du savoir, qu'il faut la refaire; que les documens n'ont pas encore été rassemblés; qu'aucune société morale, philosophique et hypercritique, n'a été encore fondée pour nous jeter ses rayons éblouissans; et qu'en un mot les plus doctes y ont renoncé?

Hélas! en un temps où le carnaval brillait de toute sa joyeuse ardeur, le savant apologiste d'Hérodote n'hésitait pas à donner l'histoire la plus authentique des nobles symboles du bœuf gras. Un des plus illustres magistrats d'*Antomatunum*, traçait d'une main ferme l'histoire du carnaval; mais je suis forcé de le répéter, après ces deux savans personnages, tout demeure dans les ténèbres; et si nos pères se sont déguisés, ils se sont bien gardés de nous le dire, ils ont conservé l'incognito : dans le grand bal universel des siècles, il leur a paru plaisant d'intriguer leurs neveux.

Eux qui ont tant travaillé sur des matières moins importantes; eux qui ont fait de si merveilleux traités sur la saltation héroïque, et sur la pyrrhique des anciens; eux qui ne nous ont épargné aucune de ces folies tant soit peu scandaleuses, que leur bonne foi naïve débitait si résolument jusqu'au pied des autels; cette fois ils se sont contentés de nous montrer les rayons poudreux de leurs bibliothèques; ils nous ont ouvert complaisamment leurs vieux livres; ils nous ont indiqué les tiroirs de leurs antiques médaillers; mais cela n'était point l'histoire du carnaval, et la science, comme on dit aujourd'hui, la science est restée à faire.

Rassurez-vous, lecteur, grace à nos veilles studieuses, le traité sera complet; nous aurons pour nous les pères de l'église y compris saint Augustin, et tous les vieux docteurs en Sorbonne sans en excepter des Lyons; mais nous n'en sommes point encore à ces riches développemens, il nous faut sonder l'abîme et dévoiler l'antiquité, et quoique le flambeau de l'histoire soit déjà tant soit peu usé, nous essaierons de ranimer son lumignon tremblotant avec l'assistance toute paterne de l'abbé Trithème, ou avec celle de Meursius.

Vous est-il arrivé quelquefois en parcourant les vastes salles du Louvre, de vous arrêter devant quelque joyeux satyre jouant de la flûte à deux becs, et souriant à quelque enfant malin qui se cache derrière un masque? avez-vous admiré en entrant, le momon gigantesque de la Melpomène antique? avez-vous surpris, sur quelque bas-relief, une de ces fêtes des saturnales où l'esclave oubliait ses peines, en se travestissant sous les riches vêtemens du maitre, qui se déguise lui-même en esclave pour recevoir en rechignant quelque brocard acéré? Êtes-vous monté ensuite parmi les Égyptiens, et quelque papyrûs jauni vous a-t-il montré le Chérub dans sa grotesque magnificence? Vous avez cru trouver une origine, et vous vous êtes trompé; car, pour cela, il vous fallait ouvrir Berose, le grand astronome chaldéen, et vous n'avez peut-être jamais songé de votre vie à Berose, quand c'était lui qu'il fallait lire. C'est que, voyez-vous, Berose est le seul qui parle de la danse dans les temps antédiluviens; selon lui, les géans de la terre donnaient des bals dans la ville d'Énos, et nul commentateur que je sache, n'a nié leur magnificence, rien ne nous empêche de croire, comme dirait Urceus, qu'ils étaient fort galans et que les masques y affluaient.

Dieu lava bien la tête à son image,

a dit, comme on le sait, d'une manière fort peu canonique le frivole et léger Benserade; aussi ferons-nous grace des mascarades qui durent succéder au déluge; mais prenez garde, nous en sommes bien près encore; et Moïse défend déjà au peuple de la terre promise de se barioler le visage comme le font les nouveaux Zélandais, et surtout de se déguiser. C'est que peu de temps après la dispersion, les hommes avaient déjà inventé le carnaval; c'est qu'on le trouve inscrit partout en caractères phonétiques, chez les peuples très peu rieurs de la sombre antiquité, qu'il se nomme Chérub ou Bakà chez les Égyptiens, et Phurim chez les Hébreux, et que celui de Babylone porte un nom que nous cache encore quelque inscription cunéiforme.

En contemplant l'aiguille de Louqsor, ne vous êtes-vous jamais représenté la vieille Égypte toute couverte de ses monumens, que la jeune antiquité des Grecs pare si bien de ses souvenirs ? Martin, le peintre sublime, a pu réaliser votre rêve; il a doré d'un sourire du soleil tous ces temples majestueux; il a jeté la magnificence dans la grande cour du banquet; il a relevé ces tours gigantesques qui s'en allaient braver le ciel; il a parsemé le Nil d'obélisques et de colosses se dressant pour l'éternité. Quelquefois, au milieu de ces files immenses de sphynx, et de ces pylones sans fin, il a jeté un triste symbole, ou la fête expiatoire de quelque sombre divinité. Mais son génie s'est arrêté là, il n'a pas cru que le peuple innombrable qui fourmillait au pied des hypogées, ait songé un seul de ses jours que la vie avait ses fêtes. Lui qui sent si merveilleusement la grande pensée de l'architecture; lui qui l'invente ou qui l'a retrouvée, il n'a pas songé au carnaval qui anime si bien les villes; il n'a pas cru que ces vieux prêtres pouvaient quelquefois sourire; et que ce peuple enchaîné devant ses géans de pierre avait ses jours de liberté.

Oui, les graves Égyptiens avaient leur temps de carnaval. Je ne vous dirai pas encore avec Noirot, comment « le bon père Bacchus, avec son chapeau de liarre, étoit » assis triomphamment sur son charriot, et alentour de luy » estoient les nymphes mimallonides, cornues, naïades, » lénées, thyades, faunes, tytyres brayant d'une voix » confuse ce mot d'*Euam*, d'*Euam*. » Ceci s'appliquerait aux Grecs, mais ils le tenaient des Égyptiens; et la fête de leur Bacchus n'était, dit-on, autre chose qu'un souvenir des mystères joyeux d'Osiris.

Voilà donc qui est bien établi, la mascarade qu'on retrouve chez les Grecs et chez les Romains, chez les Hindous et chez les Javanais, la mascarade qu'on cherche peut-être à l'heure qu'il est dans les ruines de Palenqué, existait chez les Égyptiens.

Au grand jour désigné, ce peuple qui ne songeait guère qu'à la magnificence de ses morts; ce peuple mélancolique qui portait sa tristesse jusque dans les banquets; cette nation sans sourires et sans joie, avait une fête délirante qu'elle avait nommée la *Bakà*. Alors, on se travestissait en l'honneur de l'Isis guerrière; les hommes ajustaient grotesquement la longue tunique des femmes, et les femmes à leur tour croyaient honorer la déesse en se parant des vêtemens légers du soldat : c'est du moins ce qu'en pense le très docte père Carmeli, dont la science en ce temps d'orage puisse du moins demeurer en paix.

Pour moi, je vous l'avouerai; il m'a toujours semblé que ce devait être une fête bien merveilleuse, que cette grande pompe triomphale, où tout un peuple épanchait sa joie réfrénée en d'autres jours par la voix sévère du prê-

tre, où le squelette d'argent disparaissait sans doute de la table du festin. Alors, disent les auteurs, les rives du Nil étaient couvertes d'une foule joyeuse, riant follement sans doute des dieux bizarres qu'elle s'était faits. On dépensait en un seul jour tout ce qu'on avait rassemblé de propos joyeux dans l'année. Là on se gaussait des Grecs et on raillait les Assyriens; si quelque lourd sauvage paraissait avec sa massue, c'était quelque pauvre diable des Gaules ou du pays des Latins, c'était peut-être aussi quelque arrière-grand-père de Bathyle de Cilicie ou de Pylade l'Alexandrin. Ici du moins la science positive de Champollion nous vient en aide, et les ruines de Biban El-Molouk nous le pourraient attester.

En voici suffisamment sur ce que les savans appelleraient, sans aucun doute, l'époque hiératique du mardi gras. Peut-être en effet les masques étaient-ils formulés d'avance à Thèbes, tels qu'on les devait porter à Memphis; peut-être ne pouvait-on se déguiser en Romain ou en Grec, que sous le bon plaisir du pontife Necepso; mais nous venons d'atteindre la Grèce, et avec elle nous retrouvons la liberté.

Ferdinand DENIS.

Un Banquet

DU QUINZIÈME SIÈCLE.

Je vais raconter l'histoire d'un festin que donna durant les fêtes de Noël de l'année mil quatre cent cinquante-sept, le brave et magnifique Gaston, comte de Foix et de Bigorre.

Ce prince venait de terminer une grande guerre : il avait rétabli sur son trône, à ses frais et dépens, le roi Jean de Navarre, et, dans l'espoir d'intéresser le roi de France à l'embarras de ses affaires, il s'était dirigé vers la ville de Tours, où séjournait ordinairement Charles VII. A peine avait-il mis pied à terre chez ses hôtes ordinaires, les bons moines du couvent de Saint-Julien, qu'il fut instamment prié de se joindre aux autres seigneurs de la cour, et de se rendre avec eux au-devant d'une nombreuse compagnie étrangère de la plus haute distinction. A leur tête, en effet se faisaient remarquer un archevêque, des comtes de Bohême, de Pologne et de Hongrie.

La foule se pressait autour de leurs six cents cavaliers, tous équipés et vêtus d'une façon singulière. Pour les chefs de la brillante troupe, ils étaient tranquillement assis dans un chariot superbe, dont le mouvement ne semblait pas interrompre leurs propos. Il est vrai que ce chariot était *branlant*, c'est-à-dire suspendu, ce qui le rendait l'objet de l'universelle admiration.

On ne tarda pas à connaître le secret de la belle procession d'étrangers. Lancelot ou Ladislas, roi de Hongrie, de Bohême et de Pologne, envoyait, du fond de ses états, ses plus fidèles conseillers au roi de France pour lui demander en mariage Madame, Madeleine de Valois. Le roi Charles ne les reçut pas à leur arrivée ; il était ce jour-là aux Montils : mais la reine Marie et la princesse sa fille séjournaient à Tours, et les envoyés se hâtèrent de monter les degrés de leur palais. Ils saluèrent au nom du Dieu vivant ; puis aussitôt ils firent déployer deux magnifiques robes de drap d'or, parsemées de perles et de pierres précieuses, que les dames suivantes emportèrent. Ensuite ils protestèrent à la reine que leur maître avait subitement, et par un effet très ordinaire de l'amour, perdu le boire et le manger depuis qu'on lui avait présenté l'*image historiée au vif* de madame Madeleine de France. Ainsi du moins le disait pour eux un *latinier* ou truchement.

Ne demandez pas s'ils furent bien reçus. La reine, humble de cœur et sage dame, avait toujours tremblé de manifester une volonté, comme un autre eût fait de commettre un péché mortel ; d'avance elle souscrivait à tous les vœux de son époux. Pour Charles VII, il avait de loin disposé cette alliance : en ayant pris conseil de la dame de Beauté-sur-Marne, cette belle Agnès Sorel dont le grand roi François Ier a dit plus tard :

> Gentille Agnès plus d'honneur tu mérites
> (La cause estant de France recouvrer),
> Que ce que peut dedans un cloistre ouvrer
> Close nonain ou en désert hermite.

Notez qu'il faut écrire ainsi le dernier vers, et non pas comme on le fait ordinairement :

> Close nonain ou *bien dévot* hermite.

Mais, pour revenir à notre propos, gentille Agnès espérait alors que son royal amant serait bientôt revêtu de la pourpre impériale, et l'union de Ladislas avec la princesse Madeleine servait merveilleusement les projets de la cour de France. Lancelot était d'ailleurs en querelle avec le duc de Bourgogne, qui favorisait la rébellion du dauphin ; c'en était assez pour recommander les ouvertures du roi de Hongrie. Aussitôt la première entrevue, le mariage fut résolu : on convint de célébrer, après les fêtes de Noël, la cérémonie des fiançailles ; et sans retard commencèrent les bals, festins et caroles, les feux de joie

populaires et les tournois chevaleresques. Le roi convia le premier les ambassadeurs ; puis le comte de Foix, soit pour prévenir Charles en faveur de ses réclamations, soit uniquement pour suivre le penchant qui l'entraînait vers tous les genres de libéralités, fit annoncer trois jours avant Noël un banquet, auquel il invita les étrangers et les principaux barons de la cour.

C'est donc le festin de Gaston de Foix que je vais ici décrire, en suivant, avec la plus grande exactitude, la narration originale du chroniqueur des comtes de Foix. Il est certain que l'on a fréquemment donné dans le moyen-âge des banquets aussi prodigieusement somptueux ; et l'espèce d'indifférence avec laquelle nos historiens mentionnent celui qui va nous émerveiller, suffirait pour nous faire comprendre qu'il parut moins extraordinaire aux contemporains de Gaston qu'il ne le serait aujourd'hui. D'ailleurs, si le comte de Foix, alors écrasé par les dépenses d'une longue guerre, put cependant déployer tant de faste, quelles devaient être les grandes fêtes de la jeunesse de Charles VI, de la vieillesse de Charles VII lui-même, et de la régence d'Anne de Beaujeu ? Nos vieux chroniqueurs sont remplis du détail de ces grandes solennités féodales. Malheureusement les premiers éditeurs de Froissart et de Monstrelet ont supprimé la plupart de ces descriptions, que nous lirions aujourd'hui avec tant d'avidité ; et comme les compilateurs de nos jours estiment peine perdue celle qu'ils consacrent à revoir les textes les plus authentiques, il en résulte que la splendeur des fêtes seigneuriales du moyen-âge est à peine aujourd'hui soupçonnée.

Les tables, au nombre de douze, composées chacune de vingt-cinq personnes, furent dressées le long des parois de l'immense salle Saint-Julien. On ne conçoit pas très clairement comment le silence, tant recommandé par le vénérable saint Benoît, s'accommodait du droit de loger et manger dont jouissait le comte de Foix dans un couvent de bénédictins ; mais, sans doute, les salles occupées par les Béarnais étaient alors abandonnées par les pieux cénobites, et, dans tous les cas, les grands feudataires avaient ainsi fréquemment droit de gîte et de repas, même dans les abbayes les plus recommandables par la sévérité de leur règle.

Trois cent vingt personnes s'assirent au banquet ; le soin de diriger le service fut confié à quatre nobles maîtres-d'hôtel, savoir : le bâtard de Dunois, le comte Bernard de La Marche, Pierre de Brézé, grand-sénéchal de Normandie, et le comte de Foix lui-même. Le chancelier de France fut convié à la place d'honneur ; puis à la première table se placèrent, entre les plus grandes dames de la cour, un archevêque, trois comtes de Hongrie, un évêque et, les sept autres chefs de l'ambassade. Les autres seigneurs, dames et damoiselles, s'assirent aux tables suivantes, sans distinction apparente.

Le premier service fut « d'*hippocras* blanc avec rosties.» On sait que l'hippocras était un vin chaud mélangé d'épices, comme aujourd'hui notre *punch* ou notre *bishoff*. Le repas commença donc par une espèce de soupe au vin.

Au deuxième service, on vit arriver « grands pastés de chappons de haulte graisse, accompagnés de jambons de sanglier et de sept sortes de potages. » A l'exception des potages, nous finirions aujourd'hui nos repas comme on les commençait alors. Mais il faut surtout remarquer ici que le second service comme les quatre suivans fut dressé en vaisselle plate, et qu'il fallait audit service pour chacune des douze tables cent quarante plats d'argent; en tout, seize cent quatre-vingts plats pour chaque service, et pour tout le dîner, huit mille quatre plats d'argent et seize cent quatre-vingts plats de vermeil.

On apporta les rôtis au troisième service. On y eût vainement cherché autre chose que faisans, butors, paons, hérons, outardes, cygnes, bécasses, oisons, canards et toutes les espèces d'oiseaux de rivières « que l'on saurait penser ne songer. » Il y avait encore toutefois des cerfs et des chevreuils sauvages, des connils ou laperaux, des perdrix, et plusieurs autres genres de venaison.

Après ce troisième service, des fanfares se firent entendre à quelque distance ; les portes de la salle furent ouvertes ; douze hommes entrèrent soutenant sur leurs épaules en façon d'entremets un château flanqué de quatre belles roques ou tourelles, et *fondé* sur un rocher. Au milieu du château s'élançait un donjon éclairé de quatre fenêtres, et devant chacune de ces fenêtres parut une belle demoiselle richement accoutrée. Dans chacune des quatre roques se trouvait un jeune enfant habillé comme les anges, chantant mélodieusement devant la seigneurie ; et, ajoute le chroniqueur, « à parler à la vérité, ledit entremets ressembla proprement à un paradis terrestre. » J'ai oublié de dire que sur les parois des tours étaient suspendues les bannières richement armoriées du roi Lancelot de Hongrie.

Le château disparut, et l'on apporta le quatrième service. Il fut composé d'oiseaux, tant petits que grands. Mais je dois dire que les plats n'en furent pas d'argent comme les précédens et les suivans, mais bien de vermeil.

Puis s'élança, comme de lui-même, au milieu des convives, une bête sauvage « en forme de tigre, » jetant le feu par la gorge, et portant un magnifique collier auquel pendait l'écu du roi de Hongrie. Autour de la bête sauvage étaient six hommes vêtus de la *scapule* béarnaise. Ils exécutaient, à la mode de leur pays, une danse bouf-

fonne à laquelle les seigneurs hongrois prirent plus de plaisir qu'à tout le reste de la fête.

Les danses firent place au cinquième service. Il fut de tartes, crêmes, darrioles, oranges et citrons confits.

Puis vingt-quatre hommes entrèrent, supportant une grande montagne. De l'un des flancs jaillissait une fontaine d'eau de rose, de l'autre une fontaine d'eau muscate. Je laisse à penser l'odeur merveilleuse qu'elles répandaient dans toute la salle. Cependant, par les autres côtés de la montagne sortaient de petits *connils* vivans et plusieurs sortes de petits oiseaux. Et du sommet descendirent légèrement quatre enfans mâles et une jeune fille habillés en sauvages ; à peine réunis au bas de la montagne, ils se mirent à exécuter une moresque gracieuse et bien ordonnée.

Durant cet entremets, les hérauts et trompettes, qui n'avaient cessé de sonner, firent tellement merveille, que Gaston leur envoya deux cents écus au soleil ; il fit également donner au héraut de Hongrie dix aunes de velours pour une robe.

Le sixième service fut d'hippocras rouge, et oublies de plusieurs sortes. Il fut terminé par l'arrivée d'un homme qui se tenait debout sur un cheval couvert de satin cramoisi passementé d'orfèvrerie. Le cavalier portait un jardinet façonné en cire, dans lequel se trouvaient une quantité de fleurettes et roses parfumées qu'il offrit aux dames en chantant mélodieusement. Les dames parurent enchantées de cette gracieuse distribution.

Le septième service fut d'épiceries et de confitures faites en façon de lions, cygnes et autres oiseaux et animaux sauvages, tous portant les armes du roi Lancelot de Hongrie.

Là semblait devoir se terminer le banquet. Cependant, au moment de sortir, le milieu de la salle fut transformé en un bassin d'eau ; puis dans un petit vaisseau parut un cygne portant à son cou les armes de la reine, Marie de France. Et tout à l'entour du vaisseau étaient peintes les armoiries des dames présentes, « lesquelles furent bien fières de ce qu'on leur faisait tant d'honneur. »

Tel fut le banquet du comte de Foix. Monstrelet dit qu'il lui coûta dix-huit cents écus d'or. On ne sera pas surpris de cette énorme dépense après avoir lu ce qui précède. Et comme les convives sortaient de la salle du banquet, ils entendirent à la porte du couvent proclamer une joûte à tous venans pour le 10 janvier suivant.

Il fut résolu que, durant la tenue des joûtes, Charles comte du Maine, donnerait à son tour un banquet splendide. Il fut convenu que, pour assister à ces nouvelles fêtes, le duc de Bretagne, le duc de Bourbon et le duc d'Orléans, se rendraient à la cour ; il fut arrêté que les fiançailles de madame Madeleine seraient célébrées à l'issue des joûtes.

Mais trois jours étaient à peine écoulés, quand de nouveaux ambassadeurs de Hongrie apportèrent la nouvelle de la mort du roi Lancelot. La peste l'avait soudainement enlevé de ce monde, et, avec lui, joûtes, banquets, feux de joies, tables-rondes, danses et fiançailles. Les Hongrois s'en retournèrent en grand deuil et tristesse ; les funérailles du roi défunt se firent paisiblement en l'église de monseigneur saint Martin de Tours, et quelques jours après, on ne parlait plus du pauvre roi Lancelot, ni de son archevêque et de ses comtes palatins.

Paulin Paris.

Bals de l'Opéra.

C'est donc le 10 janvier que l'Opéra nous montrera toutes ses merveilles de nuit. Le nom de M. Myra, qui en a la direction spéciale, suffit pour nous donner confiance, et pour nous faire désirer vivement cette bienheureuse nuit. En homme habile, il a compris qu'il fallait donner une nouvelle impulsion à ces fêtes du moment, fêtes pendant lesquelles on laissait un peu dormir les affaires, et où l'on faisait sa bonne provision de gaîté pour le reste de l'année ; il a compris qu'il fallait se bien garder d'imiter les bals de l'Empire, pro.nenades froides et uniformes, où l'intrigue seule jouait le principal rôle ; il a calculé sur une plus grande échelle, et en cela il a bien fait. Il a eu une idée des plus heureuses, que sans nul doute le public et les artistes applaudiront à juste titre ; il s'est dit que le Salon offrait peu de chances de succès aux artistes ; en effet, le public qui peut acheter n'y va que le lundi, et franchement n'y va-t-il pas plutôt pour se faire voir que pour voir ; puis au milieu de tant de mauvaises productions, et Dieu sait qu'il n'en manque pas, un bon tableau peut-il se faire jour, son entourage ne lui nuit-il pas ? M. Myra a donc acheté des tableaux de Roqueplan, Tony Johannot, Baume, Robert Fleury, etc., enfin de tous nos jeunes artistes ; ces tableaux seront exposés dans le foyer de l'Opéra pendant trois mois ; et comme dans cet espace de temps, tout le *Paris aristocrate* passe le seuil de l'Opéra, ces tableaux seront vus par tout ce qui peut juger et acheter. Il est si agréable pour le public de bien voir sans être heurté, étouffé ; si agréable pour l'artiste d'être jugé par qui le peut ; que vraiment on ne saurait trop féliciter M. Myra de son innovation. Au bout de ce temps la chance d'*une tombola napolitaine*, sorte de loterie

fort en usage dans le royaume de Naples et dans la Romagne, pendant les fêtes du carnaval, favoriseront quatorze élus qui, outre ces tableaux, pourront avoir :

1° Deux très riches bracelets d'un travail plus précieux que la matière.

2° Un superbe piano carré à trois cordes, six octaves et demi, avec sommier prolongé en fer, mécanique à échappement en bois de palissandre, orné de bronzes dorés. Ce piano un des chefs-d'œuvre des ateliers de M. Pleyel, a été fait exprès pour la tombola des bals de l'Opéra.

3° Un cachemire des Indes long, vert-émir, à palmes et galerie arlequine, des magasins de *Frainais Gramagnac*

4° Un thé complet dans le goût anglais le plus riche et le plus nouveau, composé d'une table de bois de palissandre, avec incrustations en bois de couleur, fabriquée dans les ateliers de *Lesage*. Service de déjeuner pour douze personnes, en belle porcelaine anglaise, façon Japon ; avec serviettes de l'Inde de couleurs variées ; bouilloire à bascule sur réchaud ; théière, sucrier, pot au lait, plats et plateau en argent des fabriques de M. Odiot.

5° Une loge à l'Opéra, aux secondes de face, pour un an, avec son mobilier élégant et commode : la jouissance aura lieu du 1er juin prochain au 31 mai 1836.

Tout cela sera précédé des danses de la Mazourka, des boleros, des fandango de l'Andalousie, du pas Styrien, des tarentelles de Naples exécutés par les ballets de l'Opéra, mesdemoiselles Taglioni et Essler en tête : puis encore de deux danses languedociennes des plus célèbres du midi de la France ; danses populaires, originales, qui ne s'exécutent que dans les grandes solennités, et qui attirent dans les villes où elles sont annoncées, les curieux de quarante lieues à la ronde. Ces danses sont : *las Treias et loa Chibalet* (les treilles et le chevalet). M. Myra va jusqu'à vouloir effacer les folies et les pasquinades de l'an passé, par des folies et des pasquinades plus merveilleuses encore, et qu'il variera à chaque bal ; car à ces danses succèderont encore de grands tableaux qui reproduiront des scènes chargées de notre spirituel *Grandville*, des charges musicales de nos premiers compositeurs, et enfin des travestissemens bouffons, dont on nous a bien dit quelques mots, mais que nous ne dévoilerons pas au public, car ce serait diminuer son plaisir. Attendons donc ! les dilettanti eux-mêmes y seront dans leur centre, car il aura les concerts de la rue Saint-Honoré, c'est-à-dire Musard et Dufrêne ; Musard avec de nouveaux cahiers, chargés de sa musique vive et enivrante, composée pour les bals de l'Opéra ; Dufrêne avec ses sons qui portent à l'ame. Que manquera-t-il à M. Myra ? rien, car Paris entier le visitera.

𝕬perçu

DE L'HISTOIRE DU MASQUE.

Que les bateleurs des sociétés savantes, que les charlatans de vertus, les Tabarins littéraires, les jongleurs politiques, les paillasses de toute sorte se rassurent, qu'ils fassent taire leur susceptibilité méticuleuse, ce n'est pas à leurs masques usés, que rattachent deux vieilles ficelles, que nous en voulons aujourd'hui; ce n'est pas au temps de folie que nous leur ferons faire pénitence. Merci à leurs impostures, merci pour quelque temps encore; mais vienne le jour où la vérité bondit dans nos cervelles comme la farouche cavale des Marais-Pontins; alors sauve qui peut, gare aux ruades, gare au foudroyant : *Je te connais.*

Donc c'est du masque à cette heure que nous voulons parler, du masque tout simplement, du masque sans metaphore. L'histoire du masque! quel vaste et beau sujet! partout le masque et toujours. Depuis le sauvage tatoué de l'Océanie, jusqu'à l'élégante de nos bals costumés; depuis le prêtre indien, promenant sous les vastes portiques du temple de Mithras, son chef, couvert d'une tête de loup, d'épervier, de lion ou de tigre, jusqu'à la mascarade des jours gras. Qu'il serait beau d'observer le masque à son origine, et de le suivre dans toutes les périodes de son existence, à travers cette société où il entrait pour ne plus en sortir !

Enfant de la gaîté folle, ce n'est d'abord qu'une grossière enluminure que remplacent bientôt les larges feuilles de l'*arction* de notre grande bardane; puis le liége creusé comme la face du dévot Bacchus; puis se façonnant peu à peu, il imite la tête des animaux, puis celle de l'homme, et s'introduit dans le sanctuaire des dieux, sur le théâtre, et prend place aux banquets des puissans, sans pourtant oublier la rue qu'il ne quitte jamais ; et de siècle en siècle, de région en région, il voit les générations, les rois, les dieux mêmes se succéder ; et lui seul survivant à toute institution humaine, chaque année descend encore imperturbable du bal de la Courtille, pour ajourner son apparition au premier jour du carnaval suivant.

A vous, doctes bénédictins, ce beau thème d'histoire; mais le masque vous a vus mourir. A vous donc, messeigneurs infatigables de Gottingen, d'Iéna, d'Heidelberg; à vous, bons Allemands, voilà matière à vos savantes élucubrations ; montrez-nous comment Pierrot descend des prêtres de l'Inde, et madame Angot, cette généalogie des prêtres d'Isis, vaudrait bien, j'espère, les deux savans traités de Galichelle sur les perruques et sur les gants. A vous donc les mille in-folios plus gros que vos grosses bedaines; mais à nous ces quatre feuillets pour esquisser quelques traits de ce beau sujet.

Veut-on chercher l'embryon d'un ancien usage, c'est toujours vers l'Orient qu'il faut tourner ses regards. Ce berceau de l'humanité nous fournira les premières traces du masque. Les sacées, fêtes en l'honneur de la déesse Anaïtis, la Vénus des Mèdes, que des auteurs mêmes très graves ont prise pour Diane la chaste, tant il est facile de confondre; les sacées, dis-je, sont les plus anciennes mascarades que l'on connaisse; c'est dans ces saturnales que les masques parurent pour la première fois. Cet usage n'est pas tout-à-fait tombé en désuétude. Les Perses, les Cappadociens, les Juifs même, ce peuple si triste au milieu de la joie de l'Orient, les Juifs eurent leurs masques, comme il appert par la défense que Dieu leur fit d'en fabriquer. (*Levit.* , 26, I.) Mais ils n'observèrent pas plus cette prohibition que celle de l'usure, ainsi que vous pouvez le voir, si vous en avez le temps (*Gen.* , 27, 15, *et Josué* , 9, 5.)

Le masque, suivant la marche de la dispersion des peuples, passa de l'Inde en Égypte, où le culte de Mithras, divinité du feu, s'était introduit. Les prêtres, dans la célébration des mystères, se couvraient le visage de têtes d'animaux, comme dans ceux d'Isis et de Sérapis. De là les figures de *Cynocéphales* , de *Léonis* , d'*Hiérocoraces* , et d'autres que nous ont conservées les monumens de cette mystérieuse Égypte. On se tromperait de prendre ces représentations pour des êtres fantastiques, moitié homme et moitié animal, tels que les centaures, les syrènes, les minotaures de la mythologie grecque. On n'y doit voir, comme l'a fort bien prouvé le comte de Caylus, que des prêtres et des prêtresses égyptiennes masqués. Ce culte, ainsi que celui d'Osiris et de toutes les divinités du Nil, devint la proie du Romain vainqueur qui pillait jusqu'aux dieux : bientôt il s'étendit dans toute l'Italie.

On aurait tort d'induire de ce qui précède que je prétends que l'usage des masques nous vienne de l'Égypte ou de l'Inde : Dieu m'en garde; je trouve fort sot d'aller chercher chez un peuple étranger, même le plus voisin, l'origine d'une institution lorsqu'elle est la conséquence de la nature de l'homme, je veux dire de son organisation, de ses besoins.

Or, le masque, comme les arts, n'est que le résultat de notre génie pour l'imitation, de notre soif d'émotions, soit gaies comme dans la comédie, soit pénibles avec volupté, comme dans le spectacle de la douleur d'autrui,

2

qu'on l'appelle tragédie, mélodrame, ou comme on voudra. Ainsi partout où il y aura des hommes , sous tous les ciels , dans tous les temps, partout il y aura des masques, partout il y aura un théâtre. Celui des Grecs n'a jamais été qu'une sublime mascarade. Vous savez son origine, on vous l'a tant contée, que je vous en fais grace. Quelques pâtres barbouillés de lie , quelques improvisateurs semi-ivres posèrent les substructions de ce noble édifice, dont le pronaon est l'*OEdipe de Sophocle*, et le prosaïkon, l'*Hernani* de Victor Hugo.

Le masque était chez les anciens une partie importante de la mise en scène, je dirai plus , indispensable ; et nous-mêmes, ce n'est que d'hier que nous l'avons quitté. Plusieurs de nos lecteurs se souviendront peut-être d'avoir vu les ballets exécutés par des danseurs masqués. Dauberval est, si je n'erre, le dernier qui l'a laissé ; et Gaëtan-Vestris, cédant aux instances de quelques vieux gentilhommes qui ne pouvaient souffrir que l'on eût l'indécence de danser à visage découvert , essaya sans succès de le reprendre. Les masques scéniques des anciens étaient bien différens des nôtres : c'étaient des espèces de casques qui couvraient toute la tête et imitaient les cheveux, les diadèmes, les colliers, les boucles d'oreilles et autres ornemens. D'abord, on les fit en toile , en cuir , en papyrus; mais comme ils ne duraient pas assez , on employa le bois, quelquefois même le métal. A Venise et à Rome, où l'on fait les plus beaux masques d'Italie, on se sert encore de toile recouverte de cire ; mais la chaleur du bal les a bientôt gâtés. Pollux , à qui nous devons tant de précieux détails sur l'antiquité , nous a conservé les noms et les formes de tous les masques des Grecs. Il en distingue de trois sortes : les tragiques, les comiques , et les orchestriques, c'est-à-dire ceux qui servaient aux danseurs. On sait que l'orchestre chez les anciens était cette partie de la salle occupée dans nos théâtres par le parterre, et que là s'exécutaient les danses. Les masques étaient invariables dans leurs traits : tous avaient les yeux très ouverts, et surtout la bouche. C'est à tort que les rédacteurs de l'*Encyclopédie* ont prétendu que celle des comiques l'était davantage. Plusieurs monumens que j'ai sous les yeux prouvent le contraire.

Il y avait le masque du *senex*, ou père-noble de nos jours du *lena*, le débauché de mauvais lieu. Ce dernier était pâle, les cheveux en désordre, tordait la bouche et fronçait le sourcil; du jeune premier, de la courtisane, on en comptait de trois ou quatre sortes : la dorée, la nacre, l'émérite, que sais-je ; du bravache à l'air hautain, de l'amoureuse, du valet fourbe, du parasite qui semblait vouloir dévorer la salle. Tout cela formait une

catégorie de *dramatis personæ* , de rôles dont on ne s'écartait pas. Cependant dans la vieille comédie , la licence fut portée à un tel point, que Socrate et les magistrats les plus importans de la république furent représentés par des acteurs couverts de masques dont les traits étaient la caricature du personnage mis en scène. Les étrangers aussi avaient des masques qui leur étaient propres. Ainsi, à son entrée en scène, on reconnaissait le Grec, le Sicilien ou le barbare.

Il paraît d'abord surprenant qu'un peuple d'un goût aussi délicat que les Athéniens, ait renoncé au plaisir qu'inspire la joie de la physionomie; cependant, si l'on réfléchit à l'immensité de leurs salles , à la distance qui séparait l'acteur du public, au caractère expressif imprimé sur ces masques, on concevra un usage si éloigné de nos habitudes, et si inadmissible aujourd'hui sur nos scènes rapprochées et si brillantes de lumières. En outre, la difficulté de se faire entendre dans ces vastes vaisseaux ouverts à tous les vents, rendait nécessaire les masques , qui, garnis intérieurement de lames de métal, ouvraient une large bouche et faisaient l'office de porte-voix. Le masque , d'ailleurs, présentait souvent l'expression du sentiment qui devait animer l'acteur; celui-ci avait de plus la faculté d'en changer à chaque scène ; quelques masques mêmes , par exemple, celui du vieillard dans la comédie, présentaient d'un côté une physionomie tranquille , et de l'autre , celle d'un homme irrité : le talent de l'acteur consistait à tourner vers le public la partie en rapport avec le passage du rôle qu'il récitait. Cela nous semble fort étrange, surtout dans la tragédie ; mais qu'on songe au spectacle proprement dit, aux chants du cœur presque toujours solennel, au costume brillant des acteurs, à la taille colossale, qu'ils se procuraient au moyen de cothurnes élevés, de longues robes de pourpre , de hautes coiffures, de gantelets qui allongeaient leurs bras : qu'on songe aux effets puissans de la musique, à tout l'appareil théâtral, à tout l'éclat dont ils environnaient leurs représentations , et l'on regardera ce masque comme nécessaire, et l'on pourra imaginer combien un tel spectacle était imposant sur des nations aussi impressionnables que les Grecs et les Romains. Quant aux représentations comiques, c'était plutôt chez eux l'expression du ridicule qu'une étude de mœurs telle que l'a créée Molière : la vraie comédie est toute moderne. Ainsi , chez eux , il fallait absolument faire rire, souvent avec goût , il est vrai, et le masque était bien propre à cela; mais qu'il y a loin de la meilleure des onze pièces qui nous restent d'Aristophane au *Misantrope !* L'usage défendait aux femmes de paraître sur le théâtre; de là une autre nécessité d'être masqué. Ne pourrait-on pas dire aussi que le goût même qu'invoquent les détracteurs du masque, et la haute idée que les Athéniens avaient de leurs dieux et des héros toujours pris dans un petit nombre de familles, dont les images étaient partout, ne permettaient pas de souffrir qu'ils fussent représentés par un acteur d'un physique ignoble et peu digne de remplir de si nobles rôles. Il y avait surtout des pièces où le masque produisait une illusion que l'on ne peut obtenir aujourd'hui. Dans l'*Amphitryon*, par exemple, et dans les *Ménechmes*, où des personnages sont pris l'un pour l'autre. Enfin, l'usage du masque une fois admis, c'était une raison de le garder : l'usage est si impérieux, surtout dans les choses sacrées, et les représentations théâtrales avaient ce caractère. Elles faisaient partie de la célébration des fêtes religieuses, elles étaient confiées à la surveillance des magistrats nommés à cet effet.

Dominique FABJAS.

Fête à la Cour de France

EN 1393.

C'était un mardi, le vingt-neuvième jour de janvier de l'année 1393. La foule se transportait le matin de bonne heure à Saint-Marcel, hors Paris, à l'hôtel dit de la reine Blanche, pour y voir arriver tous les beaux seigneurs et les belles dames, qui devaient assister à une fête des plus divertissantes et des plus curieuses qu'on vit à cette époque. Elle dura toute une journée, jusque bien avant dans la nuit. Les bourgeois et les manans, comme on nommait le peuple alors, se rangeaient respectueusement à chaque groupe de gens à cheval qui traversait les chemins pour se rendre au lieu de la fête. C'était chose curieuse à voir que tous ces grands seigneurs sur de gros chevaux richement caparaçonnés, couverts entièrement de longues housses ornées d'armoiries, ayant leurs femmes en croupe, tous en grand gala de cour, et chevauchant gaillardement, comme le disent les auteurs contemporains, de par la cité. Car à la fin du quinzième siècle, on ne pensait encore guère aux carrosses élégans qui ont paru depuis. C'est tout au plus si nous trouvons quelque tradition de chaises à porteurs ou de civières, à l'usage des gens de haute qualité, et que les croisés avaient importées de l'Orient.

Comme on employait tous les moyens possibles pour distraire l'esprit chagrin du roi Charles VI, pour dissiper la tristesse et la mélancolie qui l'accablaient depuis quelque temps, et que la jeune reine Isabeau, sa femme, âgée de ving-deux ans, était folle de plaisirs, on profita des noces d'une des dames du palais, que cette princesse affectionnait tout particulièrement, pour donner une fête magnifique où devait assister toute la cour en grande pompe. L'hôtel de la reine Blanche, bâti au treizième siècle par saint-Louis, renfermait au premier étage, une salle immense ayant une rangée de huit colonnes au milieu, qui soutenaient des voûtes d'une élévation prodigieuse. Tout ce que le goût le plus exquis et le plus recherché, la richesse la plus grande pouvaient produire, se trouvait réuni dans cette pièce, vraiment royale par le luxe et la magnificence qu'on y avait déployés. Une coutume remarquable, en usage au moyen-âge, contribuait encore à rendre plus éblouissante la décoration des salles de galas. Chaque noble homme envoyait ses écussons pour être suspendus aux voûtes ou accrochés aux murailles. La diversité, l'éclat et le brillant des métaux employés dans l'art héraldique, étaient bien propres à rendre la décoration aussi riche, aussi variée et aussi splendide que possible. Les fêtes et les tournois terminés, les chevaliers reportaient à leur paroisse, ou à l'église où ils entendaient la messe, leurs armoiries pour y être conservées. Deux rangs d'énormes lustres de bronze et merveilleusement travaillés, formés par l'entrelacement d'animaux chimériques symbolisant les effets du jour et de la nuit, étaient attachés aux voûtes par de longs tirons de fer. Ces lustres laissaient échapper en mille directions les rayons de leurs lumières, qui éclairaient les riches boiseries de chêne sculptées et dorées. Jusqu'à une certaine hauteur, la salle était tendue de superbes tapis d'Orient et de Flandre. A une des extrémités de la salle, sur une tribune élégante, et à une vingtaine de pieds d'élévation, étaient placés les musiciens.

Après tous les divertissemens de jour on soupa, et après le souper on entra dans la salle de bal. Le trône, orné et drapé de satin bleu de ciel, et parsemé de fleurs de lis d'or et de légendes à la devise de France, Montjoie Saint-Denis, élevé au milieu de la salle pour le roi et la reine, était vide; on entendait sonner minuit à l'église Saint-Médard. La reine Isabeau, seule, accompagnée de dames et de beaux chevaliers, paraissait au milieu des convives. Tout le monde attendait avec impatience l'entrée du roi, il devait ouvrir de nouveau le bal. Tout à coup il se fit un grand bruit sur l'escalier, et dans les pièces précédant la salle du festin, à travers la foule qui se pressait à l'entrée, on apercevait six personnages ressemblant à des satyres et portant des torches.

Il y avait en l'hôtel de la reine un écuyer nommé Huguet de Guisay, que le roi aimait, parce qu'il était grand inventeur de mille sortes d'amusemens. Il était peu aimé du public, car il entraînait la jeunesse à toutes sortes de débauches. Il s'avisa donc d'imaginer une mascarade qui devait beaucoup divertir le roi et les dames. Les acteurs de cette farce étaient le roi, le comte de Joigny, le bâtard de Foix, Aimery de Poitiers, le jeune Nanthouillet, et Huguet de Guysay lui-même : ils portaient des masques et un ajustement de toile fort serré, qui laissait voir toutes les formes du corps. Cette toile était couverte d'une couche de poix-résine dans laquelle on avait fixé de la laine, du crin et de l'étoupe en guise de poil, ce qui faisait paraître ces sauvages tout velus de la tête aux pieds. Grands éclats de rire de la part des assistans, lorsqu'ils virent toutes les singeries, les grimaces et contorsions que faisaient ces masques, qui, enchaînés les uns aux autres, parcouraient la fête et agaçaient en passant tous ceux qui se trouvaient sur leur chemin. C'était surtout aux mariés qu'ils s'attachèrent. Comme la dame était veuve, on ne lui épargna point les sarcasmes et les vilenies qu'il était permis en semblable occasion de débiter devant le mari et l'épousée. On avait ordonné de par le roi que nul ne se promenât dans la salle en portant des torches ou des flambeaux. Aussitôt leur entrée dans le bal, le roi se détacha, pour son bonheur, de ses compagnons, et courut de suite à la reine, qui était dans le secret, et à la jeune duchesse de Berri, sa tante. Elle le retint pour savoir qui il était; « vous ne m'eschapperez pas ainsi tant que je scauray vostre nom. » Tous se creusaient la tête pour deviner qui ce pouvait être. Le duc d'Orléans, frère du roi, et le jeune comte de Bar, avaient passé une partie de la soirée chez madame de Clermont; ils étaient revenus à la fête au moment de l'entrée des masques, et pensant qu'il serait curieux et divertissant pour les dames de voir courir par la salle ces sauvages embrasés; le duc d'Orléans prit une torche des mains d'un de ses varlets et s'approcha : les cinq masques dansaient en se tenant; en un instant ils furent en flamme. « Qui aurait entendu leurs cris, alors trop » effroyables et trop véritables tout ensemble; qui les » aurait vus courir chacun à son appartement d'une course » plutôt furieuse que précipitée; qui aurait, dis-je, » vu cette poix allumée fondre pêle-mêle, et ruisseler » par terre avec la graisse et le sang dans un embrase- » ment qui montait jusqu'au plancher; la compassion » des témoins aurait sans doute été égale à la douleur » des patiens. Il n'y aurait point eu de cœur qui n'eût » crevé s'il n'eût été de marbre : il n'y aurait point eu » d'yeux qui n'eussent été des fontaines de larmes au » milieu d'un désastre et des hurlemens épouvantables, » qui désesperaient d'autant plus les amis qu'ils ne pou- » vaient donner aucun secours à leurs amis. » Il y eut plusieurs chevaliers qui s'avancèrent pour les secourir, mais ils eurent les mains brûlées. Un cri d'horreur retentit dans la salle [1]. « Sauvez le roi, sauvez le roi ! » crièrent les malheureux sauvages. Dans la confusion, l'assemblée fut dans le doute si le roi n'était pas aussi en danger. La duchesse de Berri pensant bien que c'était le roi qui était devant elle, le retint et l'empêcha de s'éloigner. Où voulez-vous aller ? dit-elle; vous voyez bien que vos compagnons brûlent. Qui êtes-vous ? Je suis le roi, répondit Charles; et elle le couvrit de sa robe pour étouffer les étincelles qui le gagnaient déjà.

La reine, dans sa première frayeur, s'était sauvée avec les dames. Mais, pensant au péril auquel le roi était exposé, et dans l'incertitude si l'on était parvenu à le sauver, elle rentra, et aussitôt elle s'évanouit. Charles, ayant quitté son déguisement, accourut auprès d'elle pour la tranquilliser. Il en fut quitte pour quelques brûlures.

Le sire de Nanthouillet fut le seul qui se sauva des cinq compagnons de la mascarade du roi. Il eut la présence d'esprit de courir aux cuisines et de se plonger dans une cuve pleine d'eau, où l'on faisait rafraîchir le vin.

Le jeune comte de Joigny, seigneur de belle espérance, expira aussitôt dans d'horribles tourmens. Le bâtard de Foix et Aimery de Poitiers, moururent deux jours après. Il n'y eut que Huguet de Guisay qui survécut jusqu'au troisième.

Les ducs de Bourgogne et de Berri, qui s'étaient déjà retirés en leurs hôtels avant la mascarade, montèrent à cheval aussitôt qu'ils apprirent la nouvelle; ils arrivèrent quand le danger était passé : ils trouvèrent le roi encore tout effrayé. Ils lui firent des remontrances sur sa conduite, et lui dirent : « Monseigneur, ce qui est perdu ne » peult-on recouvrer. Il vous fault oublier la mort d'eulx » et louer Dieu et regracier de la belle aduenture qui » est advenue. Car vostre corps et tout le royaulme de » France a esté par ceste incidence en grant aduenture » d'estre tout perdu, et vous le pouvez imaginer, car ja » ne sen peuuent les vaillans gens de Paris taire. »

La conservation du roi fut leur bonheur, car rien n'aurait pu les soustraire, ainsi que tous ceux de la cour, à la fureur du peuple. A la nouvelle de cet accident, l'épouvante se répandit dans tout Paris. Les bourgeois se rendirent à l'hôtel de la reine Blanche au nombre de plus de cinq cents. Ils se firent ouvrir tumultueusement les portes par force; ils commençaient à faire paraître qu'ils se vengeraient de la perte du roi, car on le croyait mort, surtout ceux de la cour. Le roi fut obligé de se montrer pour les apaiser. Il parut au balcon, sous le dais royal, et harangua la foule pour la remercier de l'intérêt qu'elle lui portait; « ce qu'il fit d'un visage serein et d'un discours » obligeant », dit le chroniqueur.

[1] Le Laboureur, *Hist. de Charles VI.*

En actions de graces à Dieu, Charles fit de riches présens à l'abbaye de Saint-Denis; car c'était à ce saint qu'il s'était voué pendant le danger qu'il venait de courir. Il y alla en pélerinage avec ses oncles, les ducs de Berri et de Bourgogne. Le corps de saint Louis fut mis par ses ordres dans une châsse qu'il fit recouvrir d'or. Le lendemain de l'événement, le frère du roi, Louis d'Orléans et ses deux oncles, furent en procession nu-pieds, depuis la porte Montmartre jusqu'à l'église Notre-Dame, où le roi vint à cheval, accompagné d'une partie de la cour, pour entendre dévotement avec eux la messe qui y fut chantée en grande solennité. Le roi ordonna la démolition totale de l'hôtel de la reine Blanche, dont il ne reste plus aujourd'hui que l'emplacement.

Daniel RAMÉE.

Les Mascarades

Sous Henri IV.

Première Partie.

Il y avait à quelque distance de Lyon, au château de la *Ganache* (maison appartenant à Françoise de Rohan, duchesse de Loudunois, et que M. de Thou nomme aussi *la Garnache*), une grande salle parée de mosaïque, que l'on pouvait encore visiter en 1603, et dans laquelle se trouvait une merveilleuse tapisserie.

Ce chef-d'œuvre composé de douze pièces était, pour me servir de l'expression du temps, de *quatre triomphes*, chacun de trois pentes et séparés seulement par de hautes fenêtres.

Le premier était le triomphe de l'*Impiété*, le second celui de l'*Ignorance*, le troisième de *Poltronnerie*, le quatrième et le plus beau de tous! de *Gueuserie*.

Au dire des experts, le dessein en était fort beau, les couleurs et diversités agréables. La bordure de ces *grotesques* était d'écriture en chiffre que personne n'entendait; mais un savant homme de la cour nommé Simia, que le roi par malice appelait le *singe des beaux esprits*, en avait donné l'explication à madame de Guise, laquelle la transmit à mademoiselle de Montpensier. *De fil en aiguille*, on était donc parvenu à saisir le sens des tapisseries miraculeuses. Nous ne pouvons dire si maître Guillaume, bouffon du roi, en était l'auteur, mais à coup sûr elles étaient plaisantes et moqueuses. Imaginez que dans ce temps, les grands seigneurs étaient souvent assez glorieux pour faire tapisser jusqu'à leurs *cuisines!* D'Aubigné parle d'une dame qui, sous le prétexte de commencer son

bâtiment par la cave, procéda méthodiquement à la tapisserie de sa cuisine, disant à la duchesse de Guiche que la cuisine avait été le premier fondement de sa noblesse à la cour; elle était cousine du fameux Lavarenne! Il n'y a donc rien d'étonnant dans ce luxe de tapisserie. Le comte de la Rochefoucault, *seigneur d'un esprit fin et excellent* (disent les mémoires du Languedoc,) avait demandé en ces temps-là mêmes à un de ses amis une *grotesque* ou *drollerie* pour la belle galerie de la Terne, château qu'il avait sur la Charente. Tout au commencement de la IXᵉ de ses Serées, Bouchet, qualifie de *drôleries* certaine peinture dans laquelle un avocat prenait d'une main un écu, de l'autre un lièvre, et tout d'un temps un clystère. Les postures pantalomesques de ces drôleries représentées à la galerie de Terne, étaient de la plus admirable variété. Les nez des personnages était en as de trèfle; leurs joues enflées à la couleur de gorge de coq-dinde; les héros portaient des cuillères en poignard, des écharpes d'ognons et des masques de satin. Les valets avec leurs chapeaux garnis de plumes de chapon, roulaient des civières et des valises remplies de canards. Venait après une mariée que l'évesque de Sisteron (Emmeric de Rochechouard sans doute!) menait par la main dans cette galerie de la Terne. Cette mariée avait une *peau de jambon* sur la tête (disent les Chroniques), et le sein bordé de *saucisses en lacqs d'amours*. Ses femmes se faisaient de grands éventails *d'épaules de mouton*. Singulière galerie que celle de ce comte de la Rochefoucault!

Les trois *Triomphes* dont je veux parler ici, et que retraçait la tapisserie du château de la Ganache, étaient plus originaux et plus sérieux. En les analysant; vous y verrez tout le siècle. Ce projet de mascarade qui n'a pas l'air d'avoir reçu son exécution, s'exécutait pourtant, comme vous le verrez, jour par jour dans les rues de la capitale; il peut fort bien vous donner la clé de ce seizième siècle si peu connu ailleurs que dans les mémoires. Vous y verrez de quelle ironie piquante, de quel esprit, de quel fiel se servaient alors les gens de cour; quel ennui devait causer au pouvoir ces momeries politiques, et les allures sans gêne de cette satire française, sœur de la satire Ménippée. A peine échappée aux guerres civiles, la France se vengeait de ses grands hommes par des masques; elle attachait l'écriteau à ces mannequins de carnaval, quitte à les brûler après. Nous avons cru que pour un débris aussi curieux de ces temps, il devenait indispensable de ne rien changer; quelques notes éclairciront seulement ces mascarades. N'oublions pas qu'Henri IV est tout-puissant; et que ces momeries paraissent cependant sous Henri IV. Ayez pour certain que M. d'Épernon s'en alarme au Louvre, mais que Bassompierre en rit dans sa barbe ; Messieurs du Parlement se tiennent cachés ces jours-là ! Pendant que passent les quatre chars, ou plutôt les quatre *Triomphes*, reportez-vous en idée aux temps d'alors. Voyez les capitaines qui mettent toute leur solde à l'achat de dentelles venues de Flandre ; ces grands seigneurs engoués de la magie blanche ; et ces railleurs aux aguets derrière les tapisseries du roi. Les pages et les laquais de M. de Concini sont annoncés par les insolences de ces gens de cour, de ces sommeliers, ces palefreniers, ces valets de chambre qui accaparent les emplois. Savez-vous comment ce siècle amoureux des folles bravades et de mensonges poétiques, vantard, fanfaron, et la dague au poing, accommode l'histoire ? L'histoire, sous la baguette de son bon plaisir, devient gasconne et burlesque. « Tu racontes » que Pompée a gagné bien des batailles, dit Agrippa ; » ma foi ! c'était un *chaud lancier*, un habile homme » pour conduire la fortune. *Après en avoir tant fait* » *comme tu dis*, il n'eut la vertu de garder ce qu'il avait » acquis, et faute d'avoir su vivre avec son gendre, » *comme deux nobles marg uilliers de Saint-Merry*, il » s'est enfui *en solennelle cacade*. La dernière fois que » je retournais devers Guerct avec des bœufs, je l'ai trouvé, » luy, *Luculle, Scipion, Fabrice, Coriolan, Brute-* » *casque, Brassart, Bourguignotte,* et *beaucoup d'au-* » *tres Romains* qui jouaient des comédies pour des liards, » et se faisaient bateleurs jurés : car en ce Royaume-ci ceux » qui font des tragédies aux autres, sont obligez à jouer » les comédies, comme des choristes de Notre-Dame. [1] »

Les frivoles questions, dans ce beau temps de mascarades, sont surtout à l'ordre du jour. — Comment est vêtu le roi maintenant ? — Qui a querelle à cette heure-ci à la cour ? —Qui chante le magnificat aux vêpres ? — Comment les dames sont-elles fraisées ? — De quel côté la plume, et de quel autre le gant plié dans la main ? — Dira-t-on la messe en latin ou en espagnol ? — Les sergens, les gabeleurs, les chevaux légers et les cadets s'accommodent-ils ? — Où trouve-t-on de la poudre à blanchir les dents, et quel est le meilleur barbier ? etc., etc.

Voilà cette cour et ses graves occupations. Le dialecte espagnol et italien ont tellement prévalu, que les élégans ne savent plus comment parler et s'entendre. « Je suis trop votre serviteur, dit du Mornin, pour ne point vous advertir, madame, qu'à tous coups vous prenez des mots que vous n'entendez pas, pour mots de cuisine, comme des *macaronnades* pour *masquarades*, une nappe immonde pour une mappemonde ; vous appelez les Molucques les isles de Morues, une galimaphrée, un galimatias, un poesle pour un poème, une capilotade pour une capitu-

---

[1] Les soldats français de notre temps, et Réponse de maître Guillaume, etc., édit. d'Amsterdam.

lation, et des espinards pour des épigrammes ; je désire que vous vous souveniez de ceci, s'il vous plaît. »

En lisant l'explication suivante des tapisseries, il est important aussi que les lecteurs s'en souviennent, les néologismes italiens et espagnols de l'époque font souvent de ce langage une énigme. Nous avons cherché à rendre les récits explicables et intelligibles à l'aide des notes. Il devenait indispensable d'ailleurs de mettre au bas de chaque page, le nom des masques.

PREMIÈRE MASCARADE OU TRIOMPHE.
TRIOMPHE DE L'IMPIÉTÉ.

« Au premier triomphe était un chariot tiré par quatre grands vilains diables, que Beelzebuth conduisait assis à la place du cocher, tenant en main un fouet de vipères en carton et d'autres anguilles.

Sur la place de derrière, plus haute que les autres (comme il appartient à celle du Triomphant), était un monstre en forme de vieille femme fardée, la face basse, et ployée en terre comme les brutes ; les oreilles lui pendaient comme à un chien, et la faisaient sourde par leur épaisseur. Vous lui voyez en outre les yeux très petits, *comme les avait madame de Mersec, quand elle criait à la Saint-Barthélemy : Achevez tout !*

Vous saurez encore que dans le même chariot allait à reculons la Volupté, qui n'avait couverture que ses cheveux, lesquels lui couvraient le front, lui faisaient des moustaches et des bouchons à la lacquaise [1].

Aux deux siéges des deux côtés, comme portières, étaient la Stupidité et la Conscience.

La Conscience, c'était un corps sans le moindre sentiment, assis, demi-mort, et sommeillant sur un monceau de chausse-trapes. La Stupidité avait la peau de son masque faite d'écailles de fer rouillé. La musique qui entourait ce chariot était de tambours, de cornets et timbales venus des Bacchantes par succession, et de tout l'équipage des *charivari*.

Pour le pavé du chariot, vous y voyez les Évangiles, les feuillets d'Eusèbe et autres livres [2]. Libarius [3] fait marcher la procession comme le gouverneur de Rome, en s'écriant : *Andate in fretta perche su sanctita rinegua Christo* [4].

---

[1] Je pense que cela signifie : *à la mode des lansquenets*, à qui deux plaques de barbe couvraient les côtés de la bouche.

[2] Il ne faut pas oublier que la foi huguenote et la foi catholique, se livraient toujours dans ses mascarades de perpétuels combats.

[3] Sans doute, le cardinal du Perron qui s'attribuait la conversion d'Henri IV.

[4] Le chapitre **XXV** de l'*Apologie d'Hérodote*, raconte en effet cette impatience du pape Paul III à une procession qui faisait trop de pose à son gré.

La plus grande et la plus reluisante troupe est celle des Brûlés, Pendus et Noyés de ce siècle. Ils sont tous habillés de guenilles avec des *santbenis* peints de diables; les sergens les font marcher à coups de pommeau de dague par les reins. Ces sergens, vêtus de rouge, sont braves et glorieux. Vous y voyez le comte de Buendia qui porte l'épée, un autre le grand étendard rouge; les inquisiteurs espagnols y figurent aussi. La Sainte-Hermandad termine cette mascarade. Elle va en bon ordre et deux à deux, et marche courbée sur de petites biques d'Espagne à mors d'argent pur.

Suivent les patriarches et saints hommes du premier siècle, comme Abel, Enoch, Noé, Abraham et ses enfans. Ils sont enchaînés comme les prisonniers des Lansquenets.

DEUXIÈME TRIOMPHE.

TRIOMPHE DE L'IGNORANCE.

En après marchait le char triomphant de dame l'Ignorance, tiré par quatre ânes emmusicquez de trompettes et de cornemuses de bouche. La dame est nue comme une ignorante qu'elle est, ne sachant rien choisir en fait de nuances d'étoffes et d'habits. Elle a le front étroit, la bouche demi-ouverte, et lit par contenance dans un bréviaire, mais de bas en haut, comme M. de Vendosme, gaucher de nature. Vis-à-vis de la Triomphante est la Folie, avec une marotte dont elle s'évente; l'Opiniâtreté et la Superstition sont ses camaristes.

Tout de même qu'à l'autre Triomphe, marchent aussi trois bandes de captifs; à savoir, d'abord, au premier siècle, Noé qui voulut faire le savant à inventer l'Arche; Moïse à promulguer la Loi à des gens qui n'en voulaient point; messieurs les prophètes, ennemis de la joie et de bon temps; pauvres prophètes, honnis par ces mutins de Juifs, qui trouvaient bon goût aux ognons d'Égypte, et qui voulaient y retourner. Cette escouade finit par Sédecias, monté en costume de lansquenet sur un grand cheval. Ce Sédecias donne à Michée un démenti formel et un soufflet.

Puis vient en mille équipages variés la troupe de ce siècle, où vous voyez tant de docteurs d'Allemagne qui osent prêcher contre l'ivrognerie, le pauvre Calvin, maigre comme un hareng-sore, les douze ministres de Poissi et le Plessis-Mornai [1].

Ce chariot a, comme l'autre, pour *pavé* force livres, polémiques, les livres de Du Bartas, de Du Moulin, et l'histoire de d'Aubigné [2].

[1] Disgracié, comme on sait, du roi son maître, pour avoir écrit contre le pape.

[2] Assez connu par la *Confession de Sanci* et les charmantes *Aventures du baron Fæneste.*

Les estaffiers qui font marcher ces misérables sont Cachat, Lignerac, le chevalier de Birague, redevenu gendarme, quand il vit que ses harengues faisaient rire les gens [1], Cotton, le père confesseur du roi, et un maréchal de France assisté [2] d'autres que je n'ose nommer, parce qu'ils portent le cordon bleu.

Roger DE BEAUVOIR.

Bals et Soirées.

L'hiver a commencé tard cette année; mais nous n'aurons pas perdu pour attendre, et tout annonce que la saison des bals sera brillante. C'est à tort qu'on accuse notre siècle d'être sérieux et morose, science et plaisir, il y a place pour tout chez nous; et malgré toutes nos prétentions à la sagesse, nous serions bien malheureux s'il ne nous était pas permis un peu de folie. Parmi les maisons qui ont devancé les autres sur la liste du carnaval, on remarque le magnifique hôtel des MM. Hunter et de Birague, situé dans la Chaussée-d'Antin, le centre des plaisirs de l'hiver, le pays des nuits enchantées. Là, tout est réuni pour charmer à la fois les sens et la vanité des élus que le Cercle des étrangers convie à ces fêtes : musique, peintures, décorations, et par-dessus tout, société noble et fashionable, rien ne manque à ces réunions où préside le bon goût, où règnent le luxe et la mode, les arts et l'intelligence. Ceux qui comme nous ont vu ces salons embaumés de tant de fleurs et de femmes, n'ont qu'un désir à former, celui de revenir de quinze en quinze jours, prendre part à ces joies aristocratiques.

Il est bien un autre salon où les folies du carnaval ont aussi choisi domicile; mais celui-là est si peuplé de célébrités littéraires et artistiques, de renommées européennes de tout genre et de toute couleur, que nous osons à peine y porter nos regards téméraires, et hasarder en tremblant notre nez de cicérone obscur et inconnu entre les deux battans de la porte dorée par où s'introduisent tant de grandes illustrations. Là, tout auprès de Nourrit, l'Orphée de l'Académie royale de Musique, se trouve l'auteur de *Robert-le-Diable*, entre les deux silphides rivales, Fanny Essler et Taglioni; plus loin, c'est Damoreau, l'élève favorite de Rossini; ce cercle pimpant de jeunes gens à la

[1] *Risum movit astantibus*, dit ce bon M. de Thou en parlant de ce harangueur malheureux.

[2] Ce maréchal de France est peut-être Balagni, si diversement jugé. Au chapitre X du premier livre des *Confessions de Sanci*, il est traité de *poltron* pour n'avoir pas su se maintenir dans sa principauté de Cambrai; à la cour, on le nommait le *brave des plus braves.*

voix haute, au rire un peu bruyant, à la parole mordante, c'est l'aristocratie du feuilleton et du journalisme; et puis là-bas mollement étendu sur ce divan, la tête rejetée en arrière, la main dans de beaux cheveux noirs, c'est le nouveau La Harpe de l'Athénée royal, J. Janin, assis auprès d'Eugène Sue, et lui demandant à l'oreille un boule-dogue. Vous dire les noms de tous les hommes fameux qui se trouvent dans ce sanctuaire des arts et du plaisir, c'est vous dire le nom de celui qui préside à ces joyeuses assemblées; vous l'avez deviné, c'est M. Véron. — Chez lui n'y va pas qui veut, il faut avoir gagné quelque part ses chevrons de gloire, pour monter le large escalier de marbre qui conduit chez le directeur de l'Opéra.

Qui vous nommerions-nous après cela? Quelles fêtes ne pâliraient auprès de ces soirées, dont l'esprit et les talens font tous les frais; il n'y a plus qu'à fermer le livre, et il est inutile de marquer la page; ceux qui l'ont lue ne l'oublieront pas.

Samedi 5 janvier, le Cercle des étrangers a donné une fête telle que ses annales n'en avaient jamais compté de semblables : de magnifiques galeries, décorées à grands frais pour cette nuit de féerie, étincelaient de l'éclat de mille lustres réfléchis dans l'or et le cristal ; l'œil se perdait sous ces voûtes dont les arceaux, multipliés par les glaces, ressemblaient aux longues salles d'un palais sans fin. Puis, dans la rotonde pratiquée au milieu de l'une de ces galeries, s'élevait en amphithéâtre un orchestre de trente musiciens, qui, pendant toute la fête, ont exécuté les plus jolis quadrilles de Musard. C'était miracle de voir cette foule de femmes en dominos de toutes couleurs et de toutes formes, dont le regard conviait tous les masques aux agaceries des cavaliers les plus élégans de la capitale. A deux heures seulement se sont formés les premiers quadrilles, et une heure après, les portes des nouvelles salles de festin étaient ouvertes. Il est impossible de décrire le luxe et le bon goût qui présidait à ce souper. Cinq cents personnes ont pris place autour de ces tables couvertes de vermeil. Nous sommes trop discrets pour révéler le secret des personnages diplomatiques qui ont honoré ce bal de leur présence; leur incognito est d'autant plus sacré pour nous, qu'ils ne portaient pas de masque.

BALS DES THÉATRES.

Le théâtre du Palais-Royal a le premier ouvert ses fêtes de nuit. Comme les années précédentes, les bals de cette petite salle ont été charmans de gaîté et de joyeuse humeur. Les artistes, sous les auspices desquels on les a donnés, se sont bien promis d'y revenir. Aussi, y aura-

t-il tout l'hiver plaisir pour les danseurs et recette pour l'administration. — Les Variétés ne se sont pas fait attendre non plus plus au rendez-vous du carnaval ; leurs premiers bals ont été ce qu'ils devaient être : c'est toujours la même société, toujours la même folie, un peu grossière parfois, et sentant quelque peu les halles; mais il faut bien qu'il y ait des joies pour tout le monde, et l'Opéra ne convient ni à tous les rangs ni à tous les caractères.

Encore quelques jours, et l'on ne saura plus quel lieu choisir pour aller y divertir sa nuit, tant il y aura de bals ouverts, tant les directeurs de concerts et de spectacles mettent d'empressement à satisfaire le goût du public pour ces sortes de divertissemens.

Le Cirque-Olympique, la Porte Saint-Martin, l'Opéra-Comique, se préparent à imiter leurs confrères, et se hâtent de faire confectionner de nouveaux modes d'éclairage pour les bals. Le Théâtre-Nautique lui-même consent à jeter pour quelques jours un pont de bois sur son bassin, afin d'y laisser sautiller de gentilles Russes. On va jusqu'à dire que les Italiens, les sévères Italiens, se tairont un peu pour laisser chanter à l'orchestre les ritournelles de légers quadrilles. C'est une rage de danse qui nous était inconnue jusqu'à ce jour ; un invincible besoin de s'étourdir domine toute la population de Paris. Le désir du lucre et l'appât de la nouveauté entrent bien aussi pour quelque chose dans cette vogue dont jouissent les bals. Des loteries diverses, des danses inusitées, des charges de toutes sortes et des ponts chinois suspendus au milieu d'une salle (l'Opéra-Comique nous promet un pont chinois), sont certainement faits pour piquer l'envie et la curiosité. Aussi, y aura-t-il des succès pour tout le monde; même pour le bal de la rue Saint-Honoré, qui ne nous promet de toutes ces merveilles que le cornet de Dufrêne et la baguette de Musard; celles-ci en valent bien d'autres, d'autant qu'elles sont connues.

Si Dieu nous prête vie, nous espérons conduire nos lecteurs à toutes ces fêtes, leur dessiner tous les costumes remarquables, leur décrire toutes les variétés de plaisir. Encore huit jours d'attente, et nous commencerons par l'Opéra.

————

Nous croyons qu'il est aussi dans nos attributions de guider nos souscripteurs dans le choix de leur costumier. Deux des costumes que nous avons donnés ont déjà été exécutés avec beaucoup de succès par M. Thumann, tailleur, rue Neuve-des-Petits-Champs, n° 83, et madame Déserteur, couturière en robe, boulevard Montmartre, n° 9. Ils ne laissent rien à désirer sous le rapport du fini, de l'assortiment des étoffes et des couleurs.

Les Mascarades

Sous Henri IV.

—

Deuxième Partie.

—

TROISIÈME TRIOMPHE.

TRIOMPHE DE POLTRONNERIE.

Gare, gare, gare le corps, car voici le chariot de madame Poltronnerie, tiré par quatre daims et autant de renards. Sur ce chariot la Triomphante apparaît d'abord avec de grands yeux, des oreilles ouvertes et un teint de chaussettes sales. Ne pouvant endurer le grand bruit, elle n'a d'autre musique qu'un *manicordion*, sur lequel l'Aise, accroupie, joue une bourrée. A une des portes du char est la Paresse, qui a une roupie au nez, une de ses mains dans le sein, et l'autre dans les cheveux d'un beau lansquenet, son amant ; de l'autre côté, la Honte qui se cache le visage du coude.

Ce triomphe est bien différent des autres, parce qu'au temps passé il ne triomphait jamais que des vaillans, et la Poltronnerie n'avait jamais fait ses affaires comme en ce siècle.

Les prisonniers sont force vaillans hommes d'aujourd'hui, tant de Bourbons, de ceux de Lorraine, les Chastillons, les maréchaux de Biron père et fils, ceux de la Noue, de Montgomeri, de Montbrun, toute la bataille de la Saint-Barthélémy, le maréchal d'Aumont, Gyvri, les ducs de Bouillon, de Thoas et Montbarot [1].

Ces mauvais garçons sont menés en triomphe par d'autres victorieux, entre lesquels paraissent le feu maréchal de Rez, le sieur de Lansac, grand-père de ceux-ci, et maître René, le parfumeur de la cour, qui fut pris caché sous un manteau de cheminée, tout Milanais, empoisonneur et meurtrier qu'il était [2].

Mais voilà une troupe montée d'autres masques, ayant en tête une cornette coiffée de gaze pour cacher la croix ; ceux-là veulent renverser deux huguenots boiteux qui les

poussent au combat. Vous voyez à travers la gaze une corbeille, et le mot de l'emblème est : *Je vous vends ce corbillon* ; voilà ensuite cinq chevaliers au cordon bleu, à visage découvert, qui sont là honnis par le peuple, parce qu'à la barrière d'Ivry ils voulurent tuer un homme qui se sauvait, à eux tous cinq [1].

QUATRIÈME ET DERNIER TRIOMPHE.

TRIOMPHE DE LA GUEUSERIE.

Il ne reste plus que la sacrée et vénérable Gueuserie, dame courtisée et suivie par ce temps du jour. Son chariot branlant, tout fait de pièces rapportées, est traîné par quatre louves maigres. La Triomphante est tout étonnée et honteuse de ses beaux habits nouveaux pour elle ; elle ne sait quelle grace prendre ; mais l'Impudence, qui est assise sur le coffret de derrière, lui donne courage par une petite fenêtre, et quelquefois la flatte de la main pour la rassurer. C'est bien la contenance honteuse qu'avait la connétable [2] le jour de ses noces, car, quelque fardée et peinte qu'elle soit, on voit toujours sur son visage les rides de sa première condition ; et quoiqu'elle soit en posture de donner argent aux autres, elle a au côté gauche une grosse sacoche de cuir pour demander et *quaimander*. Vis-à-vis d'elle, et comme ayant part à sa gloire, est l'Insolence, assez belle de loin, échevelée et vêtue de beaux panaches ; à gauche la Ruffinerie, que ces méchans tapissiers ont tirée sur le portrait de madame de Saint Du... [3] ; à droite, la Flatterie, qui donne à qui en veut des grains bénits et des bougies pour aller dire des oraisons.

A la première pente de cette tapisserie figurent plusieurs rois et princes chassés de leurs royaumes et conduits à coups de nerfs de bœuf hors les états.

En la seconde, vous voyez force Romains, de ceux qui ont voulu épouser la querelle de la liberté, entre autres Sénèque, et Thrasée le philosophe, et ce pauvre gueux de Bélisaire, avant tous les autres, qui demande l'aumône après avoir vaincu tant de rois.

---

[1] René de Marec, sieur de Montbarot, gouverneur de Rennes en 1602. Il fut soupçonné à tort d'avoir eu part à la conspiration de Biron, il s'était laissé arrêter dans Rennes même, d'où il fut conduit à la Bastille.

[2] *Voy*. Journal de l'Étoile, t. I, 20-24 et 25.

[1] Les noms de ces cinq chevaliers sont : d'O, gouverneur de Paris sous Henri III ; Manon, Chémerault, Clermont et Chasteauvieux. Ces quatre derniers en ce temps-là étaient capitaines des gardes. (Voir de Thou, liv. 97, année 1589.)

[2] Marie Vignon sans doute, femme de rien, et qui avait épousé le connétable de Lesdiguières.

[3] Madame de Duras, peut-être la même qui accompagnait la reine Marguerite en 1583, lorsque le roi son frère lui fit faire affront près de Palaiseau. (V. Sanci, etc.)

Vient ensuite le malheureux Vidame de Chartres, parent de nos rois, mort aux galères, et de même force seigneurs de haute maison, tous le visage abattu, hormis un qui console ses compagnons, et celui-là est sans doute le brave homme de La Noue, tout réjoui d'avoir trouvé à vendre une de ses maisons à bas prix pour les secourir [1].

Là paraissait aussi le brave de Moüy, désespéré, qui avait dit à son maître, lorsque les courtisans lui firent ôter sa pension : *Je demeure riche d'honneur et d'amis.* — Il eut pour réplique : *Eh bien! que chacun d'eux vous nourrisse une semaine.* De ce régiment étaient force gentilshommes qui ont sacrifié leurs biens à la guerre, et que la paix avait surpris, et auxquels on avait dit : *Le royaume a été trente ans au pillage, pourquoi n'avez-vous rien fait ?*

Les maréchaux-de-camp, qui traînent cette cadène, sont Ragot et du Halde, premier valet chambre du roi Henri III.

Après ce chariot marche la troupe Triomphante ; le premier rang est de deux cardinaux tout mouchetés de vilaines punaises sur l'escarlatte, cousins du pape Sixte V.

Oh ! la brave troupe, la belle mascarade que celle de ce triomphe! ce sont tous des ducs, des vicomtes, des marquis et des barons! tous noms qui dureront long-temps, car ils sont bien nouveaux : une armée de plus de carosses que Xerxès n'eut de navires! Il y avait à la marge de la tapisserie une grosse gibecière, laquelle accouchait d'un étui de bonnet, c'est-à-dire d'une malle coffrée, et ensuite un gros vilain carosse qui accouchait de petits carossillons, lesquels, comme une fourmilière, se joignirent à la troupe, chacun son écriteau commençant par madame une telle, etc., etc.

Cependant la troupe s'écoule, et avec elle la suite, à la fin de laquelle le petit Laroche sert de sergent (ce petit Laroche était, comme on sait, donné autrefois pour nain)[2]. Belat, valet de garde-robe du duc de Savoie et le maître de la tapisserie, font les honneurs de la maison.

Il-y a des vers au bas de cette tapisserie qui seraient inintelligibles à plusieurs. Le poète y dit que l'on ne doit pas trouver étrange que la troupe des gueux ne soit pas complète ; il fait son *meâ culpâ* d'avoir oublié un certain baron de la garde, autrefois nommé le capitaine Poulain, pour avoir été dans le temps saltimbardel [1] et avoir gardé les poulains ; — ni la Burlotte [2], pour avoir été barbier dans son village. — Le poète ajoute qu'il ne veut pas comprendre en ce rang ceux qui ont monté sans gueuser. *Ce n'est pas*, dit-il, *gueuserie que de tirer salaire et honneur de ses mérites, et partant sont bannis de ce triomphe ceux qui sont parvenus par la probité, par les services signalés, par les armes et par les lettres ; que les autres se cachent qui n'y ont place que par turpibus artibus.* Le poète des tapisseries se moque encore des bourgeoises, des *madames de drap* qui deviennent *madame de velours*, et qui passent au paradis des dames sans avoir passé par le purgatoire des demoiselles.

Pour conclusion, le pavé où passent les roues de ce char est fait d'écussons, de chevrons brisés, d'hermines, de masses d'armes, et même de fleurs de lis avec les bandes ; le triomphe de la Gueuserie met tout cela en pièces en passant, à quoi aident encore les carosses de la suite. Enfin, c'est une *prophétie en tapisserie* qui promet aux traîtres, aux bêtes, aux poltrons, aux gueux, les Gouvernemens, les États et les Honneurs, tandis que les gens de bien, les doctes, les braves et les grands cœurs auront agréable de périr par honnêteté.

Ici finissent ces momeries audacieuses. Nous avons cité le style sans l'altérer, et les notes l'ont éclairci.

Maintenant voici comment ces prophétiques mascarades restèrent incomprises. La noblesse de Henri IV, noblesse aveugle, imprudente, ne vit rien de ces avertissemens téméraires, et ne comprit pas le sens caché de ces insolences. Quand l'on songe à la répression des duels sous ce prince, à ses édits courroucés mais impuissans, on se demande comment la cour ne songeait pas plutôt à réprimer ces satires folles, cette pensée hardie sous le masque, cette licence de noms propres, et de noms célèbres surtout! Les romans et les libelles de ce temps sont autant d'affiches et de cris de soulèvement contre le trône ; ces romans ne respectent rien, ni le *sage Sully*, qu'ils flétrissent du nom de *traître*, ni Henri IV lui-même, qu'ils appellent un *ladre vert*. Mon maître est le plus *gueux cadet de la terre*, dit quelque part

---

[1] D'Aubigné a rapporté le même fait dans son histoire, tome III, ch. 3. Cet infortuné seigneur doit avoir été Jean de la Ferrière, ou plutôt de Ferrière, qui avait succédé dans la vidamie de Chartres à François de Vendôme, mort en 1560. Ce vidame avait été exécuté en effigie après sa condamnation à mort, conjointement avec l'amiral de Châtillon et le comte de Montgomeri.

[2] Voir la Bibliothèque de madame de Montpensier, p. 237 du tome I. Journal de l'Étoile, collect. 1719.

---

[1] *Bardelle*, sorte de selle plate, dit Roquelaure, et que l'on mettait aux poulains en les dressant.

[2] La Brulotte, brave officier au service d'Espagne dans les Pays-Bas. Il fut tué en l'an 1600.

d'Aubigné. A la cour et dans les camps, même témérité d'expression et de langage. Le bouffon Guillaume plaisante étrangement la vertu des dames de cour. Tout cela finit par le coup de couteau de Ravaillac donné au cœur de cette belle et grande monarchie.

Et nous aussi, nous en avons vu de ces avertissemens sinistres; nous avons, au milieu des fêtes royales d'une jeune reine, entendu ces voix et ces terribles prophéties ! Le jour où le pavillon Marsan étincelait, où les quadrilles dorés de Lami et de Duponchel couraient par les galeries, où toute une époque royale ressuscitée avec tant d'esprit et de goût animait les vastes salles des Tuileries, nous avons vu vêtue de la robe noire de la reine, pâle comme la reine, et triste aussi comme cette belle reine Marie d'Écosse, notre reine d'alors, madame duchesse de Berri, souriant à nous tous dans ce costume de l'infortunée Marie Stuart !

C'était le dernier costume de Madame à ses bals; c'est encore le sien sur la terre d'exil. *In spe contrà spem*, telle est la devise de la blonde Marie Stuart !

Roger DE BEAUVOIR.

Combats de Taureaux.

—

NOTICE PRÉLIMINAIRE.

On a beaucoup écrit sur les combats de taureaux en Espagne, et récemment divers journaux ou recueils périodiques donnaient, comme du neuf, dans le style boursouflé qui fait le caractère de certaine école moderne, des détails à ce sujet, pris dans les vieux livres où l'on va sans cesse puiser les contes qu'on nous fait sur l'Espagne. Nous trouvons l'histoire et la description de tout ce qui concerne ce chevaleresque et barbare spectacle dans un livre qu'on cite moins que M. de la Borde, etc., et qui n'en est pas plus mauvais. L'auteur qui résida long-temps dans la péninsule, et qui occupait un poste éminent, fut peut-être le seul Français qui, ayant adopté les mœurs du pays pour les mieux observer, s'adonna au goût des courses, fut ce que les Andalous appellent *afectionade*, et se fit toréador.

M. le colonel Bory de Saint-Vincent a laissé sous ce rapport une réputation en Andalousie, où l'on se le rappelle encore après vingt ans sous le nom d'*Ecadan Torero*, c'est-à-dire l'*aide-de-camp Toréador*. Il a luimême piqué et combattu le taureau.

Il y eut en Espagne un espace de quinze ans où les combats de taureaux furent supprimés. Voici ce qu'on raconte à ce sujet. Il était de bon ton, à ce qu'il paraît, parmi les femmes de la haute aristocratie espagnole, d'avoir pour amant les toréadors; comme nous avons vu, à une époque peu reculée, nos dames françaises s'afficher avec les comédiens, les dames espagnoles y mettaient un amour-propre incroyable; c'était à qui prodiguerait à son toréador les costumes les plus riches; c'était une rivalité continuelle : la chronique scandaleuse va jusqu'à prêter à l'auguste épouse de Charles IV, comme nous le verrons tout-à-l'heure, un penchant très prononcé pour un toréador nommé Romero. Il paraîtrait que Charles IV, assez jaloux de son honneur, trouva la plaisanterie peu de son goût, et supprima les combats.

Lors de notre expédition en Espagne, commandée par le maréchal Soult, sous les ordres de Joseph Bonaparte, ces combats furent rétablis. Ce ne fut pas une œuvre des moins politiques. — Ce sont les souvenirs de cette époque que retrace M. Bory de Saint-Vincent.

Les combats de taureaux, c'est la vie de l'Espagne ; ils remontent à l'antiquité la plus reculée. Soit que le bœuf ait été introduit en Espagne par des hommes de race pélage, soit qu'il y ait été conduit par les Atlantes, dès qu'il paraît dans l'Hespéride, et qu'on en retrouve l'empreinte sur les vieilles médailles, le tauréador s'y retrouve avec lui. Les Romains construisent-ils des cirques dans leurs principaux municipes, ce ne sont pas des gladiateurs qui s'y donnent mutuellement la mort, comme dans la ville éternelle, ce sont des hommes qui viennent s'y exercer contre des taureaux, et l'on doit cette justice aux Ibériens d'alors, qu'ils se montraient, à cet égard, moins féroces que leurs dominateurs. C'est surtout au temps où l'esprit de chevalerie disparaissait avec les tournois qu'il avait mis à la mode, que les combats de taureaux acquièrent une vogue qui tint bientôt de la fureur. Ces combats furent les délassemens de la cour comme ceux de la canaille; les moindres villages eurent leur *plaza de toros* (leur arène), et dans les cités la *plaza major* (la grande place ou place royale) fut toujours disposée de façon à ce qu'on y pût donner, en tout temps, de semblables divertissemens. A Salamanque, ainsi qu'à Vittoria, entre autres, les constructions modernes et grandioses des principales places publiques y furent subordonnés.

Quand des courses s'annoncent dans les villes où n'existe pas un cirque consacré à leur usage, une partie des croisées de chaque maison bâtie sur la grande place cesse d'appartenir au propriétaire ; l'entrepreneur de la fête a le droit d'en disposer ; c'est par leur location qu'il paie ses frais, et chacun par *affection* (passion par excellence) se prête sans difficulté à une cession souvent fort incommode. Le peuple se prépare plusieurs jours d'avance au plaisir de voir des hommes s'exposer à la mort pour égorger un animal. On s'agite afin de se procurer l'argent nécessaire pour occuper sur quelque gradin, à l'ardeur d'un soleil dévorant, une place où durant quelques heures l'ame sera violemment remuée. Et ce fut un fait constaté par les registres des monts-de-piété de plusieurs villes d'Espagne, que durant le temps des courses, jusqu'aux matelas des ouvriers et des pauvres artisans étaient mis en gage ; l'on dit, particulièrement d'un habitant de Séville, qu'il vendrait sa chemise pour aller voir *la corrida* (la course).

On choisit avec le plus grand soin les taureaux destinés pour le combat ; tous n'y sont pas également propres, certaines races ont acquis, sous ce rapport, une grande célébrité. En Castille, ce sont ceux du Xarama dont il est parlé dans Don Quichotte, qui ne les brava pas impunément ; en Andalousie, la meilleure caste appartient à un particulier d'Outréra, dont les richesses en bêtes à cornes sont immenses. Un expert les va choisir dans la *déhéza* (solitude) où, abandonné à lui-même, le bétail vit presque à l'état sauvage. A l'aide de *cabestros* (bœufs domestiques dressés exprès, qui, se mêlant parmi eux, les attirent dans une enceinte particulière, on fait un choix parmi les plus forts et entre ceux qui semblent devoir être les plus impétueux, les taureaux tranquilles et d'un aspect sournois étant trop à craindre. On appelle l'*encierro* l'arrivée des bêtes de combat au lieu où elles doivent être égorgées. Ce premier spectacle n'est pas des moins curieux : il a lieu la veille. Des *picadores*, gardiens armés de lances, appelées *garoches*, dirigent les cabestres que suivent les fougueuses victimes ; d'autres écartent le peuple, dont les cris pourraient effaroucher celles-ci ; des cordes tendues des deux côtés, et le long du passage, suffisent pour contenir la multitude, dont les *viva* tumultueux se mêlent dans les airs aux mugissement des bêtes et aux tourbillons de poussière que font voler les pieds des chevaux, des taureaux ou des cabestres. Les amateurs passionnés vont, brillamment montés, au-devant de la troupe, voltigent sur ses flancs, examinent chaque combattant et portent leur jugement sur son courage, en décidant d'avance comment il doit être atteint et quelles seront ses ruses. Quand le cortége entre dans la ville, les croisées sont déjà encombrées de dames, qui souvent mêlent leur voix à celle du peuple, en agitant

leurs mouchoirs pour célébrer l'ordre de la marche. Enfin, quand les taureaux sont parvenus au cirque, on les fait entrer moitié de force, moitié de gré, mais avec beaucoup de précautions et séparément, dans les niches, qui se ferment ordinairement au moyen d'une porte à coulisse ; ils y demeurent jusqu'à l'instant marqué pour leur mort. Non loin de ces réduits, on a construit une petite cellule, où s'élève un prie-dieu, à côté d'un lit, et dans laquelle doivent se tenir un religieux et un chirurgien prêts pour administrer des secours temporels et spirituels aux toréadors mis hors de combat durant la fête.

La population entière de la ville se disperse ensuite dans les cabarets, et l'Espagnol si sobre devient alors tout autre ; la nuit se passe en débauches : il faut éloigner le sommeil pour être, dès avant le jour, à temps de trouver place dans le cirque ; car, au soleil levant, un taureau doit y être lâché *de valde* (gratis), pour amorcer les curieux à la représentation payante de la journée. Cette première course du matin est comme une parade. On prend quelquefois la précaution de mettre des pelotes à l'extrémité des cornes du taureau, qu'on appelle alors un *bolado*, dans la crainte que, se ruant sur une multitude maladroite ou prise de vin, il n'y fasse trop de ravage. C'est ordinairement dans cette cohue matinale qu'il arrive des accidens fort graves dont la police ne s'occupe point, parce qu'il lui serait impossible de maintenir l'ordre au milieu d'une foule animée, et qu'il y aurait du danger pour ses agens, que le taureau ne respecte pas plus que la canaille. Quand ce taureau a été bien tourmenté, et qu'il a blessé ou jeté dans les airs les agresseurs les plus audacieux, la première épée, c'est-à-dire le plus habile *matador* (tueur), l'abat, et l'on fait ensuite sortir la foule misérable pour ouvrir les bureaux à celle qui peut payer. Car, de très bonne heure, les classes relevées de la société viennent retenir leurs places.

Plusieurs heures avant l'ouverture de la course, la multitude s'est précipitée aux fenêtres et sur les bancs ; les femmes de tous les rangs s'y confondent par l'élégant et le riche costume de *maja*, qui est de rigueur pour de telles solennités. On se rappelle encore que la feue reine, mère du roi Ferdinand VII, y paraissait ordinairement dans ce qu'on nomme *el vestido*, c'est-à-dire le vêtement par excellence. Et ce *vestido*, couvert de tresses, de ganses, de paillettes, de boutons métalliques, est en général d'un prix excessif ; il est telle grisette qui n'y mit pas moins de trois à quatre mille réaux, et l'on cite la duchesse d'Alba, mère du duc actuel de Berwick, qui, pour lutter de luxe avec Marie-Louise, en porta de quinze à seize mille.

Dans les villes où il existe une maestrance ou corps de

gardes nobles sédentaires, c'est cette élite de l'hidalgie qui préside aux jeux; ailleurs, à Madrid particulièrement, c'est le corrégidor. Une loge est au centre, préparée pour le roi, en face de la porte par où doit s'élancer le taureau, celle de la maestrance ou de l'*ajuntamiento* (municipalité) est située vis-à-vis. Le chef de la cérémonie est assis dans un large fauteuil; un officier de la ville, vêtu de noir, à cheval, avec la vare en main (canne de commandant), assisté de quelques alguazils, entre dans l'arène, vient saluer d'abord le monarque, ou la place qui lui est réservée, et prend ensuite les ordres du maître des cérémonies, qui lui jette la clé des cases où sont renfermés les animaux, dont les angoisses doivent divertir la multitude, en ce moment silencieuse et comme dans l'attente d'un grand événement. Cette clé est toute garnie de rubans. Un exempt la ramasse; à celui qui l'emporte succèdent deux ou quatre *picadores*, selon la magnificence de la course. Ces picadores sont montés sur des chevaux médiocres et achetés à vil prix, comme étant dévoués à une mort certaine; et tout harassés qu'ils puissent être, on a soin de leur bander exactement les yeux, pour que leur effroi ne compromette pas la sûreté du cavalier. Le costume et l'armement de ces premiers combattans sont des choses singulières, qui ont quelque chose de chevaleresque. Le picador porte des pantalons de peau de chamois fort épaisse, et du plus beau jaune, qui, de même que les cuissards des anciens paladins, sont, depuis la cheville jusqu'aux hanches, doublés de tôle, ce qui ne permet ni de plier le genou, ni de se relever tout seul lorsqu'on est abattu; un gilet de drap d'or ou d'argent, une petite veste en soie brillante couverte de tresses et de franges, resplendissante de paillettes, et un vaste chapeau blanc à forme ronde, autour duquel voltige un ruban correspondant souvent au *vestido* d'une *maja*, qui, le cœur agité, vient admirer les prouesses de son *majo*, complètent le costume. La selle et de grands étriers protégeant tout le pied rappellent l'équipement des mameluks. La *garocha*, ou *vera larga*, qui doit servir pour l'attaque et pour la défense, est une perche cylindrique et bien unie, d'un pouce et demi environ de diamètre, longue de dix-huit pieds, faite d'un bois à la fois solide et léger, soigneusement choisi sans le moindre défaut, munie d'un gros bouton en fer, au centre duquel est une petite pointe triangulaire, tranchante sur chaque face, longue de quatre à six lignes au plus.

Les picadores entrent en peloton, au bruit des fanfares, vont saluer les deux loges principales, et tournés du côté par où doit arriver leur antagoniste, se rangent autour du cirque vers le milieu. Ce cirque est formé par ce qu'on appelle une *baranda*, enceinte circulaire, haute de cinq pieds, et qui n'empêche pas toujours quelques taureaux furieux de la franchir; cette baranda est construite en fortes planches de trois à quatre pouces d'épaisseur, solidement assujéties par de gros madriers, avec des interruptions de sept à huit pouces en largeur, pratiquées de distance en distance, et qui sont destinées à offrir un refuge aux combattans, qui, trop pressés par l'animal, seraient réduits à fuir. Les ouvertures permettent aux toréadors de se sauver en dehors, tandis que l'ennemi qui les poursuit n'y peut passer, et heurte inutilement, de ses cornes, le bois qui l'arrête.

Le colonel Bory de Saint-Vincent.

UNE

Aventure à l'Opéra.

C'était pendant l'hiver de 1811. Une chaise de poste traversait rapidement la rue de Richelieu, et les claquemens du fouet du postillon annonçaient que les voyageurs payaient généreusement. La voiture entra dans un hôtel près du boulevard; il en descendit deux jeunes gens en uniforme de hussards : l'un leste, aux cheveux blonds et bouclés; l'autre grave et pâle, à l'air souffrant. — Garçon! une lumière, une chambre, fit rapidement le blond jeune homme, c'est-à-dire Arthur de C.... ; et il n'avait pas attendu la réponse à ses questions, qu'il grimpait déjà les escaliers de l'hôtel, sans trop savoir où il allait.. Ce ne fut que quelques minutes après que son compagnon le rejoignit, précédé du garçon qui leur ouvrit une chambre. Arthur s'y élança, et se jetant sur un sopha : ouf! s'écria-t-il, je suis abîmé. — Garçon! mes malles. — Pour l'amour de Dieu, mon cher Arthur, ne pourrais-tu faire moins de bruit? tu fais un tapage à te faire entendre d'un sourd; tu es fatigué et tu vas sortir; mais c'est de la folie! — Et mes dépêches donc, qui me les portera! — Mais il est tard. — Tant pis, le service avant tout. Que je te reconnais bien là, mon bon et candide ami, toujours même sang-froid, même méthode d'agir. Mais songe donc que depuis cinq ans je n'ai point vu ma mère; pauvre mère, elle me trouvera bien changé. — A ton avantage. — Oui, à mon avantage, mauvais plaisant. — Que je la plains, si c'est elle qui t'a élevé, mon Dieu, qu'est-ce que cela devait être. — Mon cher Révial, tes réflexions me fatiguent horriblement, je te demande trève jusqu'à demain. — Garçon! du papier, une plume; je vais lui écrire à ma mère ; à demain les affaires sérieuses... — Et le service, répliqua Révial ? — Ma foi, le service... attendra ; une fois n'est pas coutume.

Arthur cacheta sa lettre : Chez la Mme comtesse de C... C'est à deux pas, dépêchez-vous. Révial, quelle heure est-il ? — Onze heures. — Ma mère sera sans doute couchée ? N'importe, je m'habille, je vais flâner, je veux voir mon vieux Paris. Me suis-tu, Révial ? — Non, vraiment, fou, je vais me coucher. — A ton aise, reprit Arthur. Et il s'habilla tout en adressant à son compagnon des questions auxquelles ce dernier ne jugeait plus à propos de répondre, et il commençait même à s'endormir, quand le garçon entra annonçant que madame la comtesse de C.... était sortie, et qu'on la croyait au bal de l'Opéra. — Au bal de l'Opéra ! répéta Arthur en sautant jusqu'au plancher ; à l'Opéra, Garçon ! il y a donc opéra ? — Oui, monsieur. — Y viens-tu, ami ? — Je ne sais, j'hésite. — Il n'y a pas d'hésitation, oui ou non : le temps presse, c'est peut-être déjà commencé. Vite une voiture. — Ne trouves-tu pas, Révial, que c'est un bonheur que nous réservait notre bonne fortune ; renouveler connaissance avec Paris par le bal de l'Opéra ! conçois-tu un plus beau début ? Quelle joie on éprouve à dédoubler en pensée ces jolis masques, à deviner à quel visage peuvent appartenir un joli pied, de beaux cheveux noirs ; à être intrigué par trois ou quatre dominos au nez desquels on pourrait se prendre à rire bien fort, comme le fit feu le duc de Richelieu, de galante mémoire !

Puis encore de voir ces pauvres maris intrigués par leur chaste moitié qu'ils croient couchée dans le lit conjugal !..,. Puis, reprit Révial, quel bonheur après s'être enivré de douces paroles durant une nuit, après avoir rêvé d'un ange sur la terre, après avoir obtenu de timides aveux, d'en arriver au doux tête-à-tête, à l'instant où la jeune beauté laisse enfin tomber le masque trompeur, à l'instant heureux où vos yeux vont admirer tous les rêves de votre imagination !... *horresco referens*, vous êtes face à face d'une laideur du premier ordre, d'un antidote certain de toute passion amoureuse. Le beau rêve, n'est-ce pas, Arthur ?.....

Maudit sois-tu, damné raisonneur, philosophe de contrebande. Mais voilà qui met, Dieu merci, un terme à tes sottes paroles, la voiture nous attend ; allons, en route. — Dis donc, ma cravate est-elle bien ? — Très bien. — Maudite malle, elle a tout déformé mon habit ; au reste, à la guerre comme à la guerre.

II.

Tu es seul ? — Non pas, joli masque, car je pensais à toi. — Mais tu ne me connais pas. — Peut-être ; du reste, je vais m'en assurer. Et en même temps, joignant l'exemple au précepte, il voulut soulever la barbe de dentelle noire qui garnissait un charmant masque en velours ; mais le domino posa rapidement la main à son masque. — C'est très mal, beau jeune homme, c'est pécher contre toute règle du carnaval ; devine, si tu peux, mais rien de plus, ou je te quitte. — Oh non ! joli masque, répliqua vivement Arthur, que la vue d'une rangée de dents blanches comme neige enflammait déjà, ne me quitte pas si tôt ; ton masque est décousu, et laisse voir tes dents ; cache-les, car je serais jaloux qu'un autre les vît...

Arthur et le domino se promenèrent long-temps, lui plus épris que jamais, le domino inexorable, refusant tout, même le souper. Quant à Révial, dont les instans n'étaient pas si bien employés, l'ennui le poignardait tellement, qu'il ne cessait de passer devant son ami, qui se gardait bien d'avoir l'air de le reconnaître. Cependant le domino s'en aperçut. Beau jeune homme, ton ami s'impatiente, je ne veux pas le priver plus long-temps de toi ; c'est un sacrifice, mais je ne suis pas égoïste : à samedi, peut-être alors sauras-tu qui je suis. — Au moins me permettras-tu de te conduire à ton équipage. — A mon fiacre, tu veux dire ; j'accepte. — Pardon, beau masque, j'oubliais qu'il était de bon ton ces soirs-là de laisser reposer ses chevaux ; comment garderait-on l'incognito ? Au moment où elle montait en voiture, son pied glissa, elle poussa un cri, elle s'était donné une entorse ; malgré toutes les instances d'Arthur, il ne put l'accompagner ; un domestique, dont un grand manteau cachait la livrée, s'assit à ses côtés.

III.

Le lendemain matin, après avoir été remettre ses dépêches, Arthur de C.... se rendit chez sa mère ; il monta tout joyeux le large escalier de marbre, un domestique vint lui ouvrir ; la vue de cet homme le frappa ; il l'avait déjà vu quelque part ; il balbutia son nom plutôt qu'il ne le prononça. Le valet, en lui faisant de profondes salutations, lui répondit que, pour le moment, madame la comtesse n'était pas visible ; qu'en rentrant hier d'une soirée, elle s'était foulé le pied, et que le médecin était près d'elle...

En 1812, lors de la campagne de Russie, on pourvut au remplacement du capitaine Arthur de C... Depuis son voyage à Paris, on n'avait point eu de ses nouvelles ; et nul ne sait encore ce qu'il devint.

MATÉO RÉO.

Bals.

L'Opéra nous a donné son premier bal. — Il était beau; on devait s'y attendre. Le spectacle a commencé par une symphonie burlesque exécutée par des hommes habillés en *pouparts* : puis est venu un quatuor pour piston, trombonne, basson et contre-basse, exécuté par quatre premiers talens habillés en femmes d'une manière ravissante. Ce quatuor a trouvé peu de sympathie dans le public. Le directeur le supprimera sans doute ; puis Arnal, en veste de velours, cheveux longs et plats ; enfin dans l'accoutrement d'un dandy romantique, a expliqué une symphonie de sa composition. C'était l'histoire en croches et doubles croches, d'une baisse de 2 fr. 25 cent. à la bourse. Les applaudissemens ne lui ont pas manqué. — Puis sont venues les caricatures de Grandville, peintes par Gosse. Le public s'est montré sévère, au point de siffler ; siffler à l'Opéra est chose, ce me semble, peu décente. C'est se mettre au niveau du parterre des Variétés. C'est un triste rôle à désirer. — Le ballet des Quatre Nations a été exécuté d'une manière charmante ; mais le triomphe le plus complet a été obtenu par Mme Alexis Dupont et M. Mazilier, auxquels le souvenir de M. et madame Paul Taglioni n'a point nui. Impossible de mettre plus de graces et de précision. Après le spectacle, la scène a été livrée à la circulation. C'était un coup-d'œil magnifique à voir que cette salle éclairée par des lustres magnifiques chargés de bougies, qui se terminait par un amphithéâtre décoré par M. Ferri, et sur lequel était placé Musard, conduisant un orchestre de soixante musiciens, et qui, toute la nuit, a exécuté ses plus jolis morceaux. C'est un beau début pour l'Opéra ; tout fait espérer que les prochains bals ne laisseront plus rien à désirer, car le directeur a l'expérience pour lui.

Le même soir, le Palais-Royal luttait contre un rude rival ; et cela n'a point empêché sa jolie petite salle d'être plus suivie qu'aux deux premiers bals; la raison en est simple, c'est que M. Poirson a mis autant de soins à organiser ses fêtes de nuit, qu'il en a mis à nous monter sa Frétillon. A samedi donc.

La rue Saint-Honoré a ouvert ses nuits de folie par une bonne œuvre ; c'est d'un bon augure. Le bal était au profit des pauvres du premier arrondissement ; et ils ont dû être satisfaits, car la salle était pleine. On ne s'est séparé qu'à six heures du matin ; c'est qu'il est si agréable de danser au son d'un bon orchestre ; puis l'on se met où l'on veut, dans la foule si on l'aime ; si l'on veut, l'on danse sans encombre entre les colonnes ; l'on n'est point heurté, et c'est beaucoup.

Nous n'en dirons pas autant du bal des Variétés ; l'on a pris une dizaine de voleurs *flagrante delicto*, c'est-à-dire la main dans les poches du peu d'honnêtes gens qui s'étaient laissé duper. M. Dartois voudrait-il faire de son théâtre une succursale de la forêt de Bondy?

Le bal de l'Opéra-Comique a été retardé. Le directeur a mieux aimé différer sa fête vénitienne, plutôt que de la donner incomplète au public; tant d'autres en auraient agi autrement, et l'auraient donnée *quand même*, qu'on ne saurait trop féliciter M. Crosnier de sa manière d'agir. Sa fête est remise à mardi prochain 20 juin.

Ventadour ouvrait aussi dimanche. Sa magnifique salle était pleine. Une danse russe, exécutée d'une manière délicieuse, a été couverte d'applaudissemens.

— Parmi les réunions les plus brillantes qui ont déjà eu lieu cet hiver, on a distingué celle qui se pressait la semaine dernière dans les brillans salons de madame la comtesse J...., rue de Provence. La richesse et l'élégance des toilettes, la présence des plus jolies femmes de Paris, celle des princes, le soin et la recherche apportés par les maîtres de la maison dans les dispositions de cette fête, tout concourait à lui donner un éclat qui rappelait le bal déguisé donné, il y a deux ans, dans les mêmes salons, et dont on nous fait espérer de voir les merveilles se renouveler cette année.

Fête Musicale.

Les fêtes musicales ont aussi leur bonne part dans les affections du public. Aussi toutes celles qui ont eu lieu jusqu'à ce jour sont très suivies. — Un des beaux concerts, dont l'on parle déjà tout bas, c'est le concert que doit donner M. Frion, première clarinette du théâtre de l'Opéra-Comique, le 22 février, à la salle Saint-Jean Hôtel-de-Ville. M. Frion s'est déjà fait entendre sur la clarinette à la dernière représentation à bénéfice de l'Opéra-Comique, et l'opinion des connaisseurs a été que nous n'avions plus à envier aux Allemands, pour la suavité des sons de cet instrument.

Ce jeune artiste réunit la souplesse à la puissance et au brillant de l'exécution. Il sait vaincre les difficultés avec une légèreté et une précision comparables aux premiers violons.

La bonne methode de M. Frion, les oppositions du fort au faible, et surtout les sons éteints imitant l'écho qu'il sait rendre avec un talent qui lui est particulier, lui ont valu les applaudissemens du public et de l'orchestre. Ces témoignages mérités sont pour l'artiste la récompense de ses travaux et l'espérance de son avenir.

On entendra pour la partie instrumentale :

MM. Tilmant.
    Chevillard, violoncelle.
    Sunck, pianiste de la reine.
    Leplus, 1re flûte du théâtre royal de l'Opéra-Comique.
    Frion.

Pour la partie vocale :

Mme Casimir.
MM. Inchindi.
    Couderc.
    Jansenne.

Le piano sera tenu par M. Fessy. L'orchestre sera conduit par M. Tilmant.

Parmi les costumiers qui se sont mis en frais, il faut mettre en première ligne M. Huzel, rue des Colonnes, n° 8. Ses trois salons sont remplis de costumes où la vérité historique se marie à l'élégance et au choix des étoffes. — Tous ses costumes sont de la plus grande fraîcheur.

Nous avons examiné aussi avec le plus grand soin les magasins de M. Jeudi, rue du Helder, 15. Nous avons remarqué un Fra-Diavolo en velours, des costumes du temps de Louis XIV et Louis XV, des costumes de fantaisie tirés du *Bal de Gustave*. Tous sont d'une fraîcheur charmante et parfaitement exécutés. Nous pensons que le public le récompensera de ses soins.

Une de nos pierres s'étant cassée au tirage, nous avons été forcés de retarder l'envoi de notre troisième livraison. Ce retard nous ayant permis de voir le second bal de l'Opéra, nous allons en rendre compte. Comme spectacle, c'était le même, moins ce qui avait produit peu d'effet au premier bal, et que l'on a fort bien fait de supprimer ; mais comme monde et *beau monde*, la transition a été rapide. L'on est arrivé tard, mais à une heure tout était comble, et la salle rappelait les derniers bals de l'an passé ; et cependant, un grand nombre d'habitués manquaient, car il y avait aussi ce soir-là bal à la cour ; et comme la fête était belle, et s'est aussi prolongée fort avant dans la nuit, l'Opéra n'a pu réunir tout son public. Mais samedi il reprendra sa revanche, car il n'aura à lutter contre aucun rival digne de lui. Rien n'était plus joli à voir que le foyer à deux heures ; les intrigues se succédaient sans interruption. On cite même quelques noms connus, qui ont été acteurs d'intrigues assez plaisantes. L'incertitude et le défaut d'espace nous empêchent de faire part à nos lecteurs de nos découvertes ; mais nous prendrons de plus amples informations, et nous leur ferons part de ce que nous aurons appris. Nous avons cependant en notre possession une pièce de vers adressés à lady S....., peu faite, à ce qu'il paraît à semblable aventure, car elle a mis peu de soins à cacher son poulet et à le conserver. — Un de nos rédacteurs a suivi l'intrigue, et nous l'avons prié de nous la raconter. Ainsi à bientôt. Nous raconterons aussi les intrigues de nos bons pères, qui, il est vrai, ne veulent pas avouer leurs fredaines. Mais ils voudront bien cependant nous permettre d'être moins discrets qu'eux et de faire part à leurs fils et petits-fils de leurs aventures galantes. Et je crois que ce ne seront pas les moins curieuses.

ERRATA.

Nous demandons bien pardon à M. D. D. Furjasse d'avoir si mal écrit son nom et encore plus mal son article ; mais, par une erreur incroyable, cet article n'avait pas été relu ; nous nous empressons donc de rectifier ces erreurs.

Page 9, 1re colonne, lig. 28, comme, *lisez* : couvre. Ligne 44, et madame Angot, *lisez* : et comment madame Angot tire sa généalogie, etc.

2me colonne, ligne 2, Galichelle, *lisez* : Pacichelli.

2me *id.*, ligne 5, *retranchez* : mille.

—ligne 15, après fois, *lisez* : Alors les valets devenaient maîtres et les maîtres valets, ces usages, etc.

— ligne 28, Léonis, *lisez* : Leones.

Page 10, 1re col., lig. 48, nacre, *lisez* : novice.

2me col., ligne 12, la joie, *lisez* : le jeu.

— *id.*, ligne 16, et si, *lisez* : tout-à-fait.

Deveria   Litho Delaunois

Publié par Mr Matéo Reo, rue Richelieu, 92.

Devéria   Litho Delaunois

A. Devéria.　　　　　　　Lith. Delaunois.

Mlle de Verneuil

XVI SIECLE

Publié par Mateo Reo rue Richelieu , 92

Le Duc d'Épernon

Publié par Mateo Reo rue Richelieu 92

Circassien.

Publié par Mateo Reo, Rue Richelieu 92.

Dame Arménienne

Publié par Matéo Reo, Rue Richelieu, 92.

9 782014 435245